majorque

gastronomie et cuisine

Photographie Oriol Aleu
Cuisine et stylisme Ana Torróntegui
Textes Marga Font
Conception graphique et maquette Joseta Torróntegui

TRIANGLE BOOKS

Remerciements :
Merci à Roger et Joana, Flavia, Toni Monné et Maria Torróntegui, Oriol Casanovas, Toni Miquel, Cati, Ca'n Tià Taleca, Eduardo Sardà (Associació per al Foment de l'Ametlla Mallorquina), Bárbara (Bodegues Jaume Mesquida), Pere Picó (Olis Sóller), IGP Ensaïmada de Mallorca, Miquel (Forn de Sa Pelleteria), Associació de Pastissers i Forners, Ana Maria Victòria (Melmelades i Confitures Asanideso), Sebastià (Embotits Obrador), Bartomeu (Embotits Aguiló), Jaume Clar (Es Rafal), Melchor Lladó Mayol "Sion", Miquel (Formatges S'Atalaia), Jaume (Formatges Burguera), D. O. Pla i Llevant, D. O. Binissalem, Bernat (Cofradia de Pescadors de Cala Rajada), Cristina (Indicació Geogràfica Protegida Sobrassada de Mallorca).

Coordination et Edition du projet : Oriol Aleu
Cuisine, stylisme, adaptation et révision des recettes : Ana Torróntegui
Textes : Marga Font
Conception graphique et mise en pages : Joseta Torróntegui
Assistance culinaire : Ada Pascual
Assistants de cuisine : Toni Miquel et Oriol Casanovas
Production photographique : Oriol Casanoves
Photographie : Oriol Aleu
Traduction : Laurent Cohen
Première édition en langue française 2008

ISBN: 978-84-8478-339-8
Dépôt légal: B-19.876-2011

Impression : CEGE 6-2019
Imprimé à Barcelone

Présentation 07

Majorque et la table 08

La Serra de Tramuntana 12

El Pla, réserve agricole 18

Des cadeaux de la mer 24

Produits de l'île 30

Recettes de premiers plats 102

Recettes de viandes et poissons 128

Recettes de desserts 162

Vocabulaire 188

Bibliographie 190

Index de recettes 192

Approcher la cuisine d'un lieu est une sorte de voyage, une manière de découvrir de nouvelles géographies à travers des plats configurés par des saveurs de la terre et de la mer. Le lecteur trouvera dans ce volume consacré à la cuisine de Majorque, des informations sur les produits qui sont déjà un emblème de l'île, comme la *sobrassada*, la *ensaïmada* et l'amande, mais aussi sur d'autres, peut-être moins connus, mais qui sont fondamentaux dans l'univers gastronomique insulaire, comme l'huile, le miel ou les liqueurs tels que les « *herbes* » et le « *palo* ». La cuisine de Majorque est une synthèse entre les aliments disponibles et l'héritage gastronomique des peuples qui, pour une raison ou une autre, ont transité par ici, comme les Romains, les Juifs, les Arabes et les Catalans. À ces éléments, il faut ajouter la créativité insulaire, stimulée par le besoin de s'alimenter, le désir d'en jouir et l'isolement dans lequel vivaient les Majorquins avant que ne s'établissent des ponts avec d'autres terres à l'ère de la communication. Le livre s'achève sur une compilation des recettes les plus représentatives, un parcours à travers les saveurs authentiques de l'île. Bon voyage et bon appétit.

Majorque et la table

« Ce sont presque toujours les gens imaginatifs qui mangent le mieux, peut-être parce que, comme disait le comte de Clermont-Tonnerre, ils associent la substance terrestre au lieu d'où ils sont et perçoivent alors jusqu'à la racine le lien qui les unit à la terre qui les soutient, ils sentent l'essence secrète des choses s'incorporer à la leur et communient ainsi avec leur terre dans un festin d'amour ». Ces mots de l'écrivain galicien Álvaro Cunqueiro illustrent l'importance de la relation entre la créativité et la disponibilité des aliments. L'humanité n'aurait avancé en rien sans imagination. Notre survie en a presque toujours dépendu et sans imagination, ce que l'on appelle aujourd'hui la gastronomie n'existerait pas non plus. Sur la base de cette relation, on peut avancer que la cuisine de Majorque est riche et inspirée, élaborée avec des produits frais de la terre et de la mer. La société rurale traditionnelle, avec une économie de subsistance précaire avant l'arrivée du tourisme, a su tirer le meilleur parti de tous les produits disponibles et a fait des animaux comme le porc ou des arbres comme le figuier des bienfaiteurs de l'estomac local.

En dépit de la dépendance envers le tourisme, l'agriculture traditionnelle demeure vivante dans l'île. À droite, une vue de Capdepera.

La gastronomie de l'île est un exemple parfait d'adaptation au milieu et une rencontre des cultures qui l'ont peuplé et qui y ont laissé leur héritage. Elle comprend des apports propres, comme les *sopes* (légumes et parfois viandes avec des tranches très fines de pain noir), *l'arròs brut* (sorte de risotto qui jadis se préparait avec de la viande et les ingrédients disponibles) ou le *frit de matances* (combinaison forte de morceaux de porc avec des légumes et des épices). Mais on trouve aussi des contributions catalanes qui font aujourd'hui partie de son patrimoine anthropologique, comme les *sofregits* (réductions), les *picades* (hachis) pour enrichir les plats cuisinés (guisos) ou l'aïoli ; un héritage arabe et juif qui se manifeste dans le goût pour la viande d'agneau ou

les patisseries comme *l'ensaïmada* ; et une cuisine aux racines méditerranéennes qui a engendré des délices comme le *tombet* (pomme de terre, aubergine et poivron rouge frits), de délicieuses recettes de poisson ou de la charcuterie comme la *sobrassada*.

Jusqu'à l'éclosion du tourisme, l'agriculture, la pêche et l'élevage étaient les activités de base à Majorque. S'agissant d'une île, le besoin d'être autosuffisante imposait de tirer au maximum parti des ressources naturelles et de développer des cultures comme les céréales, la vigne et l'olivier. Jusqu'à la moitié du XIXe siècle, avec la régularisation des transports maritimes, cet univers insulaire autarchique ne subit pas de rupture. Mais ensuite on assista à certains changements dans les cultures prédominantes, et au XXe siècle, de nouvelles techniques d'extraction d'eau permirent de développer l'irrigation.

Dans les dernières décennies, la terre et la main-d'œuvre sont devenues plus chères et les activités traditionnelles comme l'agriculture, l'élevage ou la pêche sont passées au deuxième ou troisième plan. Cependant l'île ne saurait oublier sa culture gastronomique et certains jeunes agriculteurs ont investi pour moderniser leur exploitation

La gastronomie majorquine est basée sur des produits frais de la terre et de la mer.

et adapter les produits traditionnels à la nouvelle demande d'aliments de qualité. Aujourd'hui, différents produits traditionnels sont élaborés et protégés par différentes dénominations de qualité, comme les vins de Binissalem et ceux de Pla i Llevant par des dénominations d'origine.

La diversité géographique de Majorque — qui possède des étendues planes et des parties montagneuses, des vallées cachées, des bois, des terrains de culture et d'irrigation — établit l'existence de sols différentiés et de microclimats qui favorisent le développement d'une grande variété de cultures et d'élevages. La mer fournit du poisson et des fruits de mer de grande fraîcheur. Les aliments élaborés, fruit de la sagesse gastronomique de générations de Majorquins, fournissent une valeur ajoutée aux produits de la terre et de la mer.

Dans des lieux tels que Cala Deià, on peut déguster les meilleurs plats à base de poissons et de fruits de mer frais.

La Serra de Tramuntana

La Serra de Tramuntana est la partie la plus accidentée de l'île, où prédomine la culture de l'olivier et l'élevage de moutons. Elle vertèbre le nord-ouest de Majorque et constitue une région de presque cent kilomètres qui s'étend sur dix-huit municipalités, dont les plus importantes sont Calvià, Pollença et Escorca. Plusieurs sommets dépassent les mille mètres d'altitude, entre autre le Galatzó (1.026 m), le Teix (1.064 m), le Massanella (1.348 m) et le plus élevé, le Puig Major (1.443 m).

C'est un territoire accidenté et hostile à première vue et depuis l'irruption du tourisme de masses, il a subi de grands changements. L'organisation de l'espace rural de la serra était jusqu'alors fondé sur les *possessions*, de grandes exploitations qui déterminaient le paysage et l'économie locale. La population active dépendait de l'offre de travail sur ces exploitations, surtout à l'époque de la récolte des céréales et de l'olive, et le reste de l'année, elle se consacrait à la culture de petites parcelles ou à l'exploitation des ressources végétales, comme la fabrication de charbon végétal, de chaux ou le ramassage de bois de chauffage.

La serra de Tramuntana offre certains des paysages les plus impressionnants de l'île, comme Cala Tuent ou Formentor.

Pendant des siècles, l'huile fut la principale richesse des *possessions* de montagne et elle était exportée en grandes quantités vers des destinations européennes, comme l'Italie, la France ou les Pays-Bas. La production atteignit des proportions importantes : en 1784, par exemple, on compta jusqu'à cinq cent moulins à huile sur l'île. De nombreux travailleurs participaient à cette activité : des centaines de femmes d'autres régions allaient dans la montagne pour ramasser des olives pendant

la saison de la récolte, alors que les hommes s'occupaient du moulin à huile pour la production de l'huile.

L'obtention de bois, de pâturages pour l'élevage et la chasse, en particulier celle aux grives, étaient aussi des activités traditionnelles importantes, ainsi que la production de charbon et de chaux ou le ramassage de la neige, activités qui ont laissé un legs anthropologique de valeur que l'on peut admirer encore aujourd'hui en parcourant certains chemins de montagne. Ces activités constituaient un complément économique important pour beaucoup de familles. On produisait le charbon végétal au printemps et en été et souvent toute la famille y participait. D'abord, il fallait couper le bois de chêne vert, de pin ou d'autres arbres ou arbustes, l'empiler, le couvrir avec des fagots de branches fines et vertes. Alors on mettait le feu au bois, qui brûlait petit à petit. Ensuite on choisissait le charbon qu'il fallait transporter dans les villages ou à Palma pour le vendre.

Toute la côte est semée de tours de défense, comme celle de Formentor, qui servaient pour alerter de l'arrivée des pirates.

L'abondance de pierre calcaire permit également une importante production de chaux, que l'on utilisait pour la construction, ou que l'on administrait aux personnes manquant de calcium, ou encore que l'on utilisait pour isoler les maisons ou désinfecter les citernes. La neige fut jadis une ressource importante, aux applications médicales et gastronomiques. C'est pourquoi on la ramassait et on la conservait dans ce qu'on appelait des maisons de neige (*casa de neu*), Il s'agissait de trous creusés dans la terre couverts par des murs en maçonnerie et un sol en pierre.

L'un des paysages les plus caractéristiques de la Serra est constitué par les terrasses, des plans horizontaux gagnés à la montagne avec beaucoup d'efforts, qui permettaient les cultures et la rétention de l'eau de pluie. Ces terrasses, délimitées par des murs en pierre séche, étaient généralement destinées à planter des oliviers, des amandiers et des caroubiers.

Aujourd'hui les zones cultivées se trouvent surtout dans les vallées occupées par les vergers de Sóller, peuplés d'agrumes, Pollença et les terrasses de Banyalbufar, Estellencs et Deià. La culture la plus caractéristique des terres cultivées est toujours l'olivier, parfois combiné aux céréales et aux caroubiers; avec ses fruits on élabore une huile douce d'excellente qualité.

Les villages de la serra, comme Deià, ont séduit les artistes et les intellectuels. En-dessous, une vue du Puig Major.

Les oliviers occupent les propriétés et les terrasses de la serra, et, avec leurs fruits, on élabore une huile douce d'excellente qualité.

L'amandier est l'une des principales cultures du Pla. Les moulins, aujourd'hui inactifs, configurent une partie du paysage de la région.

Le Pla, réserve agricole

El Pla est la région la plus intérieure de l'île, qui comprend la plupart des terres cultivées. Ce sont des terrains fertiles et divisés en parcelles, avec des champs de céréales, des caroubiers, des amandiers, des figuiers et des abricotiers. On y produit aussi de bons légumes et de bons fruits, comme les artichauts, les aubergines, les melons ou les pastèques. Dans la partie du Pla de Sant Jordi, près de Palma, ce sont les fourrages pour l'élevage qui prédominent et certaines cultures en serres, comme les tomates et laitues. Dans de nombreuses propriétés, on récupère la vigne et la production de vin.

La région occupe la dépression centrale de Majorque, située entre les deux principales chaînes de montagne : la Serra de Tramuntana et les Serres (sierras) de Llevant. Elle comprend les communes d'Algaida, Ariany, Costitx, Lloret de Vistalegre, Llubí, Maria, Montuïri, Petra, Porreres, Sant Joan, Santa Eugènia, Sencelles, Sineu et Vilafranca de Bonany.

Quelques 600 km^2 de terres à basse altitude. Un climat marqué par des étés très secs et des hivers froids et humides; les pluies se concentrant en

automne; est responsable du manque de cours d'eau et a donc rendu impossible une culture d'irrigation. Pendant des générations, sur le Pla, s'est développée une agriculture sans irrigation, où l'on cultivait principalement des céréales et qui en fournissait toute l'île.

Les villages de l'intérieur de Majorque possèdent des caractéristiques communes, en commençant par leur aspect : des maisons de pierre qui se rassemblent autour d'une église, à côté de quelque couvent, le tout entouré de champs parsemés d'arbres et de moutons, c'est-à-dire un paysage agricole transformé par l'homme, encore en harmonie avec la nature. De la terre et de la pierre.

L'agriculture traditionnelle a sculpté le paysage du Pla et même si celle-ci a reculé depuis l'arrivée du tourisme, elle a laissé quelques manifestations architectoniques qui constituent aujourd'hui un patrimoine ethnologique et culturel énorme. Il est facile de voir des moulins à farine, souvent transformés en logements ;

Dans le Pla, on cultive les amandiers, les vignes — dont le raisin permet de faire d'excellents vins —, et les piments — dont les fruits rouges sèchent au soleil.

des constructions pour tirer parti de l'eau, comme des puits, des *norias* et des citernes, dont certains sont d'origine arabe, comme d'ailleurs un important patrimoine lexical et bien entendu, comme sur toute l'île, les *possessions* et grandes propriétés et centres d'exploitation agricoles dans lesquels la population des environs travaillait de manière saisonnière.

Dans leurs limites avaient lieu toutes les tâches liées à l'agriculture et à l'élevage. Et leurs maisonnettes, parfaitement intégrées au paysage, sont un bel exemple de l'architecture locale.

Tous les villages du Pla tiennent leur marché hebdomadaire à l'air libre, où les agriculteurs vendent les fruits et légumes de leur récolte, ainsi que de la charcuterie, des fromages et de l'artisanat. Le plus important d'entre eux est sans doute le marché de Sineu, instauré par le roi Jaume II en 1306 et qui a lieu tous les mercredis matin. Ici on vend aussi des animaux vivants de races autochtones et les agriculteurs et les éleveurs de la région viennent très tôt pour leurs achats. En passant, ils prennent un plat de *frit* de bon matin (pommes de terre, légumes et viande de porc ou de mouton, le tout coupé très fin et épicé) avec un verre de vin, dans un des *cellers* populaires, anciennes caves transformée en restaurant de cuisine traditionnelle.

PORRERES
PETRA
PORTOCOLOM
MANACOR
STOP

C-717
38
ADROVER

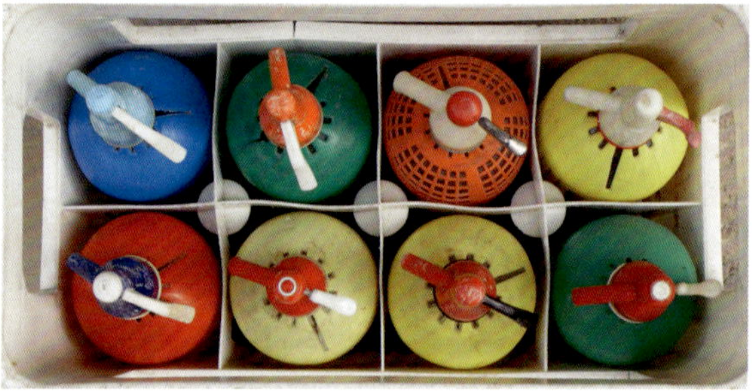

À Sineu a également lieu, tous les premiers dimanches de mai, la foire la plus ancienne et l'une des plus populaires de l'île, établie par un privilège du roi Sancho en 1318.

Des activités s'y déroulent telles qu'un concours de chiens pasteurs majorquins et des enchères de porc noir, la race porcine autochtone. Et tous les deuxièmes dimanches de décembre a lieu la Foire de Sant Tomàs, qui présente le produit étoile des abattages, la *sobrassada*.

D'autres foires du Pla sont consacrées aux produits de la terre, comme la foire du Melon de Vilafranca de Bonany, celle du miel de Llubí, de la perdrix de Montuïri et la Foire de Santa Eugènia, où a lieu un concours de volailles autochtones des Baléares.

Raiguer, Llevant et Migjorn. Le **Raiguer** est une zone de transition entre le Pla et la Serra, région industrielle et agricole caractérisée par des fortes pentes et des terres fertiles où traditionnellement on cultive le caroubier, l'olivier et l'amandier. Mais aujourd'hui la culture la plus dynamique et prospère est celle de la vigne, car c'est dans cette région que l'on élabore les excellents vins qui bénéficient de la dénomination d'origine Binissalem. Le marché hebdomadaire le plus populaire est celui qui a lieu le jeudi matin à Inca. Et pour ne citer qu'elles, les foires les plus remarquables sont la Fira des Veremar (foire de la vendange) et celle du vin de Binissalem, celle de l'Esclata-sang (girole) de Mancor de la Vall et celle du Vi Novell (vin nouveau) de Santa Maria del Camí.

Dans les *comarques* de **Llevant** et **Migjorn**, on élève aussi des ovins, surtout autour d'Artà et des porcs à Manacor et Felanitx. Sur la commune de Manacor se développe une importante production maraîchère — tomates, melons, pastèques, laitues et aubergines — et des entreprises locales élaborent une charcuterie de qualité, en particulier de la *sobrassada*. Ces dernières années, la vigne et l'élaboration de vins bénéficiant de la Dénomination d'origine Pla i Llevant à pris de l'importance. Les amandes, les céréales et le fourrage pour le bétail sont aussi des cultures significatives et on y élabore de très bons fromages de lait de vache, de brebis et de chèvre. Bien entendu, les foires sont aussi importantes, surtout la Mostra de la Llampuga à Cala Rajada (Capdepera), qui a lieu en septembre et la Fira del Pebre Bord (poivre de Cayenne) de Felanitx, en octobre.

Dans les villages de l'intérieur, on conserve les traditions ainsi qu'une cuisine transmise de génération en génération.

Des cadeaux de la mer

Dans la gastronomie chrétienne, le poisson était considéré comme un aliment de veille, qui symbolisait la purification, même si Brillat-Savarin, le gastronome français, disait qu'il possédait des propriétés excitantes. Jadis, c'était un aliment populaire, au sens péjoratif du terme et dans les livres de recettes anciens, on est surpris par la faible quantité de recettes de poisson.

Aujourd'hui les choses ont changé. Manger du poisson et des fruits de mer est un véritable luxe, surtout lorsque certaines pêcheries sont au bord de la faillite à cause de la pêche excessive. La pêche est une activité importante à Majorque, qui possède une bonne flotte. La variété des espèces et les manières de cuisiner les produits de la mer est étonnante. Nombreux, parmi les plats de poisson servis dans les restaurants, sont ceux qui proviennent d'anciennes recettes de pêcheurs.

La côte est configurée par des falaises, des plages et des criques, telles que Cala Agulla, et par des villages qui aujourd'hui vivent du tourisme.

Aux Baléares, la surface totale consacrée à la pêche est d'environ 28.000 km^2. Les principaux ports de pêche sont Palma, Santanyí, Port d'Andratx, Sóller, Alcúdia et Cala Rajada. Les eaux qui entourent les îles fournissent une grande variété de poissons, crustacés et mollusques, mais certains méritent une attention spéciale à cause de leur lien avec la gastronomie et la tradition de Majorque.

Les poissons du littoral les plus abondants sont ceux qu'on appelle poissons de roches, parmi lesquels on compte les espèces destinées à élaborer des bouillons et des soupes, et d'autres qui sont excellents au four ou au grill, comme la scorpène (en catalan, *escòrpora)*, la rascasse *(cap-roig)*, la rascasse blanche, la daurade *(dorada)*, l'oblade, la perche *(serrà)* ou la girelle *(donzella)*. Y abondent certains poissons très appréciés de la Méditerranée, comme le mérou *(anfós)*, le pagel *(besuc)*, le rouget barbet *(moll de roca)*, l'aigle fin *(mòllera)* et

Quelques-uns des plus jolis sites : Sa Foradada (en haut), la mythique Cala Deià (en bas) et la plage de Ses Salines (à droite).

la sargue *(sard)*, et des poissons en forme de serpent, comme la morène ou l'anguille, ou plats comme la limande.

Parmi ceux qui vivent loin de la côte, on capture certains poissons bleus, comme la sardine, le maquereau, le thon, la bonite, la sardinelle ronde *(alatxa)*, l'anchois ou le corbeau de mer *(escorball)*, sans oublier le poisson-scie ou l'espadon et la très rare et appréciée lamproie, qui apparaît dans les eaux baléares à la fin de l'été. On consomme également des poissons d'eaux profondes et de la famille des requins, protagonistes de plats exquis, comme la raie *(ratjada)*, l'émissole *(mussola)* ou la roussette *(gató)*.

En plus des poissons, les céphalopodes comme la sèche, le calmar et le poulpe occupent un lieu privilégié dans la gastronomie de l'île, surtout lorsqu'ils sont incorporés aux riz ou cuisinés avec abondance d'oignons ainsi que les crustacés comme la langouste rouge, considérée comme l'une des meilleurs de

Llucalcari est un lieu paisible que l'écrivain britannique Robert Graves, auteur de *Moi, Claude, empereur*, visitait souvent.

la Méditerranée, en plus de différents types de crabes, crevettes roses, rouges et blanches, souvent cuites sur le gril avec un peu d'huile et de sel marin.

Acheter du poisson frais dans un des marchés de Palma — comme celui de s'Olivar ou de Santa Catalina — ou sur les marchés des villages de la côte, est un véritable rituel, qui permet, de plus, de connaître la provenance du produit et de le consommer en saison, lorsque son prix est plus raisonnable et son goût plus intense. Sur le plaisir d'acheter au marché, il suffit de citer le célèbre cuisinier Paul Bocuse : « Tous les matins... je vais au marché et je parcours les étals. Comme c'est moi qui fais les courses, je sais par exemple que cet agriculteur vend des cardons de première qualité, que l'autre est spécialisé dans les épinards et que celui-là est arrivé ce matin avec de délicieux fromages de chèvre. Souvent j'ignore quels plats je présenterai au menu du déjeuner, tout dépend de ce que je vais trouver au marché. Je crois que c'est ça le secret d'une bonne cuisine... Il est regrettable que mes contemporains semblent perdre peu à peu le sens du passage des saisons, le sens du rite, de la cérémonie que chacune d'entre elles comporte ».

Capdepera (en haut) et Cala Figuera sont deux enclaves où l'on peut encore assister au débarquement quotidien du poisson.

Un climat bénin et un sol fertile ont permis à Majorque de disposer d'une grande variété d'aliments que la nécessité et l'imagination ont transformé en produits exquis : des charcuteries comme la *sobrassada* et le *botifarró*, des pâtisseries aussi emblématiques que l'*ensaïmada*, en plus d'une longue liste de délices de boulangerie salées et sucrées, l'huile d'olive vierge de la Serra de Tramuntana, des liqueurs comme le *palo* ou les *herbes*, des conserves en tous genres, les amandes, le miel, le vin de dénomination d'origine...

Des ingrédients de qualité qui confluent en des recettes d'une gastronomie très personnelle, qui conjugue avec sagesse les présents de la terre et de la mer.

Les produits de l'île

Le grand bienfaiteur

On élève le porc comme animal domestique depuis environ dix mille ans. Il fournit le quart de la viande consommée dans le monde et il permet aussi d'obtenir du cuir, du savon, de la colle, des graisses comestibles et des hormones comme l'insuline. Du porc, on tire pratiquement parti de tout, ce qui a favorisé son élevage dans des sociétés rurales, comme Majorque.

Pendant des siècles, il a été le grand bienfaiteur de la gastronomie majorquine, surtout lorsque l'économie était une économie de subsistance, jusqu'au milieu du XXe siècle. A l'époque, le calendrier rural tournait autour de l'abattage de l'animal, qui était à la fois l'occasion d'une fête et de la provision d'aliments pour le reste de l'année.

C'est que ni la Majorque d'aujourd'hui, ni celle d'hier ne peuvent se comprendre sans l'omniprésence du porc. Majorque reste une société porcophile, comme l'explique Tría Mercant dans son indispensable ouvrage Anthropologie de la cuisine majorquine: « Selon l'anthropologie (...) la porcophilie comporte une attention familiale portée au cochon et une cuisine domestique. La culture agraire baléare, cent pour cent porcophile, séparait et isolait avec soin, comme dans un rite de passage, le cochon à tuer et l'engraissait avec diligence en vue son abattage ».

À Majorque, la race autochtone de porc est appelée *porc negre* et ses exemplaires sont élevés en liberté entre les chênes verts, dans les collines. Cet animal accumule beaucoup de graisse et, quand il atteint les sept o huit mois, on le passe aux engraisseurs, et à dix-huit mois, alors qu'il pèse près de deux cent kilos, il est sacrifié.

La viande du *porc negre* (cochon noir) est protégée par la marque de garantie *Porc Mallorquí Selecte* (PMS).

Symbole d'identité

La *sobrassada* est devenue l'une cartes de présentation de Majorque. Elle est née de la nécessité de conserver la viande de porc et certains soutiennent que son nom provient de l'italien *soprassata*, qui désigne aussi une charcuterie élaborée avec la viande de cet animal. On la prépare avec de la viande crue et sans sang et on la sèche et transforme avant de la consommer. Son existence est connue au moins depuis le Moyen Âge, mais l'arrivée du paprika du continent américain la transforma et l'améliora, lui donnant en plus sa couleur caractéristique. À partir du XVIIe siècle, elle devient l'un des aliments les plus représentatifs de l'île.

C'est sans doute le produit le plus apprécié des abattages, au cours desquels, pour élaborer la charcuterie, on nettoie les intestins, on les sélectionne, on élimine la graisse et les imperfections. Pour faire la *sobrassada*, on choisit la viande de meilleure qualité, on la coupe, on lui ajoute un peu de lard *(xulla)* et on hache le tout pour pouvoir bien le mélanger au reste des ingrédients : une quantité généreuse de piment doux, de poivre de Cayenne selon le goût et le sel. Le mélange, bien travaillé, se déguste cru ou frit et doit être très savoureux.

Une fois élaborées et attachées, les *sobrassades* sont suspendues et commencent leur transformation : elles perdent de l'humidité, la masse devient plus homogène et l'arôme, la saveur et la couleur rouge gagnent en importance. Passé un certain temps, elles prennent leur aspect caractéristique, elles ont séché et sont recouvertes d'une petite poussière blanche formée par les champignons et les levures, et elles ont aussi changé à l'intérieur.

Le piment rouge sec converti en *pebre bó* est indispensable pour élaborer la *sobrassada*.

La manière d'élaborer la *sobrassada* a un peu changé et, de nos jours, elle dispose d'une *Indicació Geogràfica Protegida*.

Le cochon noir vit en liberté dans les grandes propriétés de l'île. Il est sacrifié vers dix-huit mois, quand il pèse environ 200 kg.

Les variétés

Du porc, on tire parti de tout. Les charcuteries traditionnelles, élaborées pendant l'abattage de l'animal, servaient pour disposer de sa viande pendant toute l'année. Aujourd'hui comme hier, la *sobrassada* est toujours la reine des charcuteries insulaires et selon sa forme et sa taille, elle reçoit différents noms. Ce fut la première charcuterie espagnole à recevoir une Dénomination spécifique de l'Union européenne en 1994 et deux ans plus tard, elle obtint l'Indication géographique protégée. La dénomination *Sobrassada de Mallorca* protège deux types de *sobrassada* qui doit être fabriquée sur l'île, sans colorant et en utilisant exclusivement des viandes de porc, du paprika, du sel, des épices et arômes naturels : d'une part, la *Sobrassada de Mallorca* élaborée avec des viandes de porc choisies ; d'autre part, la *Sobrassada de Mallorca de Porc Negre*, faite avec de la viande de porc autochtone. Le *Consell Regulador de la Sobrassada de Mallorca* contrôle et analyse le produit et veille à ce que les porcs soient de race, qu'ils s'alimentent de manière naturelle et qu'ils vivent en liberté au moins pendant un an.

Le temps de maturation de la *sobrassada* varie en fonction de sa taille et de sa densité.

On prépare généralement **la charcuterie et la *sobrassada*** avec les tripes du porc et les différentes pièces correspondent aux différents produits, parmi lesquels on remarquera les suivants :

1 Camaiot. Une charcuterie exquise et assez grasse préparée avec la couenne de la pate ou du cou du porc.
2 Botifarró. Charcuterie avec du sang, donc de courte conservation, consommée au gril, frite ou ajoutée aux plats cuisinés.
3 Bisbe (évêque). Élaborée avec l'estomac du porc rempli de sobrasada. Nécessite plus de temps de vieillissement que d'autres pièces, ce qui fait qu'on la mange généralement en été.
4 Culana. Une sobrasada longue et épaisse que l'on farcit dans l'intestin grêle de l'animal. Elle peut mesurer jusqu'à cinquante centimètres.
5 Llonganissa. Sobrasada mince que l'on farcit dans l'intestin grêle du porc et qui mesure presque soixante centimètres. On peut la consommer après une semaine de maturation, rôtie ou frite.
6 Arrissada (frisée). On élabore cette sobrasada avec le gros intestin du porc et on la mange crue après un certain temps de maturation.
7 Bufeta. On la prépare avec la vessie du porc et on la mange en général en été. Elle peut arriver à peser huit kilos.

1
2
3
4
5
6
7

Éloge de *l'ensaïmada*

« Quand tu sors du four, dorée et brillante et joliment décorée, tu ressembles à un astre de paix ». C'est ainsi que l'écrivain et peintre catalan Santiago Rusiñol exprimait sa dévotion pour *l'ensaïmada* de Majorque, à qui on a aujourd'hui concédé une Dénomination spécifique qui garantit sa qualité.

L'ensaïmada est une pâtisserie dont la base est ronde et formée par une masse enroulée en spirale, élaborée avec de la farine, du sucre, de la levure, des œufs et du saindoux (en catalan, *saïm*, d'où provient le nom *d'ensaïmada*). Son origine est incertaine. Certains historiens lui attribuent des racines juives, car il semble qu'un pâtissier juif en offrit une au roi Jacques Ier lors de la conquête de Majorque. Mais d'autres lui attribuent une origine arabe et dans un livre de recettes de cuisine majorquine de Jaume Ferrà i Martorell, on trouve la description de pâtisseries arabes appelées *bulemes dolces*, en forme d'escargot, élaborées avec les mêmes ingrédients que *l'ensaïmada*, sauf que le saindoux est remplacé par le beurre de lait de brebis. Cependant, dans le même livre il est dit que dans la cuisine traditionnelle juive figurent aussi des pâtisseries appelées *bulemes* qui ont aussi une forme de spirale.

Quoi qu'il en soit, sa popularité dans l'île et ailleurs est indiscutable. Aujourd'hui les *ensaïmades* sont élaborées selon la recette traditionnelle, mais elles sont aussi fourrées de toutes sortes de choses. Il est probable qu'à l'origine elles n'aient pas été fourrées, mais plus tard apparurent des variétés nombreuses et tentantes : aux cheveux d'ange, avec des tranches de *sobrassada* et de la confiture de courges (propres au Carnaval) ou avec de l'abricot, de la crème, de la crème fraîche, du touron, du chocolat ou des amandes.

Dans l'île, les nombreuses boulangeries, abondent en délices locales.

12345

Comment s'élabore une authentique *ensaïmada* de Majorque? Même si aujourd'hui on fabrique des *ensaïmades* hors de l'île, certains disent que les ingrédients les plus importants sont l'air et le climat insulaires. On dit même que certains pâtissiers majorquins qui ont emporté avec eux tous les ingrédients de Majorque pour faire des *ensaïmades* ailleurs dans la péninsule n'ont pas obtenu les mêmes résultats. Pour préparer une *ensaïmada* — dont les ingrédients de base sont la farine de force, la levure, le saindoux, le sucre, les œufs et l'eau, en plus de ceux utilisés pour celles qui sont fourrées — les boulangers majorquins suivent généralement les phases suivantes :

1 Le pétrissage. On défait la levure dans de l'eau tiède et on mélange tous les ingrédients avec les mains, pendant le temps nécessaire, jusqu'à ce qu'on obtienne une masse élastique et fine. On laisse reposer la masse dans un lieu chaud jusqu'à ce qu'elle double de volume sous l'effet de la levure.

2 Laminage. Sur une surface saupoudrée de farine ou bien huilée.

3 Enroulage. On ajoute le saindoux et l'on étire à nouveau la masse jusqu'à obtenir la forme d'une crêpe très fine et ovale, que l'on plie du haut vers le bas en formant ainsi une bande fine et allongée.

4 Élaboration de la bande. Avec les deux mains, on enroule la pâte en forme de bande et on laisse reposer un temps jusqu'à ce qu'elle gonfle sous l'effet de la levure.

5 Étirement. Une fois reposée, on prend la bande par les deux extrémités, on l'étire et on l'enroule soigneusement. A cette étape, le nombre des tours est celui qu'aura l'*ensaïmada* une fois prête.

· · ·

1

2

4

3

5

Le secret de la spongiosité de *l'ensaïmada* est le *saïm* (saindoux), d'où provient d'ailleurs le nom de cette pâtisserie.

Consell Regulador Indicació Geogràfica Protegida
ENSAÏMADA
de
MALLORCA

6 **Spirale.** Une fois la bande étirée, il faut l'enrouler en forme de spirale ou de serpent enroulé, en tournant la masse dans le sens des aiguilles d'une montre et en faisant au moins deux tours sur son propre axe. Il ne faut pas toucher la bande, car elle gonflera au repos et l'on joindra les bords.

7 **Fermentation.** On place *l'ensaïmada* sur un plateau et on la laisse reposer pendant dix ou douze heures. Certains pâtissiers disposent d'une armoire avec des étagères uniquement pour cette phase, et ils affirment qu'il s'y crée une température et un degré d'humidité déterminants pour le résultat final.

8 **Cuisson au four.** On introduit *l'ensaïmada* avec son plateau dans le four préalablement chauffé à environ 180°C. Et on la retire quand elle prend un ton doré et sombre et un peu rouge, et que les bords sont croquants.

9 **Saupoudrage.** Quand *l'ensaïmada* est bien froide, on la saupoudre abondamment de sucre glacé, jusqu'à ce qu'elle soir complètement blanche.

L'Ensaïmada de Majorque profite aujourd'hui d'une Indication géographique protégée (IGP) qui garantit sa qualité et la protège des imitations. Cette IGP fait référence à des *ensaïmades* non fourrées (en catalan, *llises*) et à celles fourrées aux cheveux d'ange (avec une proportion minimum de quarante grammes de cheveux d'ange pour cent grammes de masse). Le poids de *l'ensaïmada* va de soixante-dix grammes à deux kilos, et celles aux cheveux d'ange, de cent grammes à trois kilos. Les petites sont consommées pendant le petit-déjeuner ou le goûter. Les grandes sont généralement vendues déjà emballées dans les traditionnelles boîtes en carton à la base orthogonale que presque tous les visiteurs rapportent chez eux.

7

8

9

Délices du four

La boulangerie et la pâtisserie atteignent la catégorie d'art à Majorque. Nombreuses sont les boulangeries qui élaborent les délices typiques sucrées ou salées de l'île.
1 Pain de campagne. Ce pain traditionnel possède une forme arrondie et est élaboré sans sel. Il peut être blanc ou brun, selon la farine employée. Le pain que les paysans mangeaient jadis était élaboré avec de la farine intégrale, pétrie une fois par semaine et cuite au four à bois et c'est avec ce pain qu'on faisait les *sopes*, tranches très fines utilisées pour préparer l'un des plats emblématiques de Majorque. Au fur et à mesure que le raffinage progressa, on commença à faire du pain avec de la farine blanche. Cependant aujourd'hui, le pain complet reprend de la valeur et il est indispensable pour préparer un bon *pa amb oli* (tranche de pain avec de l'huile olive, de la tomate et du sel accompagné de charcuterie et de fromages). Son arôme est plus fort que le pain blanc, la mie est brune et la croûte, épaisse et foncée, prolonge sa conservation.
2 Coca bamba. Cette *coca* gonflée et à la texture suave se mange découpée en portions et accompagnée de chocolat ou de glace aux amandes, cette dernière étant une excellente combinaison.
3 Duquesses. Petites pâtisseries sucrées à la masse très fine et douce, élaborées avec du fromage blanc.

...

2

3

4

5

6

7

8

Délices du four

4 Robiols. Ce sont des pièces de farine fine pétrie avec de l'huile, du saindoux et de l'œuf. Elles ont une forme de demie-lune et sont fourrées de cheveux d'ange, de fromage blanc, de crème ou de confiture. Elles sont peut-être d'origine juive, car dans la cuisine sépharade on prépare des patisseries appelées *borekas* qui ont la même forme en demi-lune.
5 Doblegats (pliés). Petits gâteaux de pâte feuilletée en forme de demie-lune fourrés de cheveux d'ange, de crème ou de chocolat. Son nom fait allusion au fait que l'on plie la masse pour les fourrer.
6 Panades. Gâteaux sans levure qui ont la forme d'une boîte cylindrique de peu de hauteur. On peut les fourrer de viande, de poisson ou de petits pois. Les plus typiques contiennent de la viande d'agneau et on les mange à Pâques. Ceux au poisson sont consommés pour le Carême.
7 Cocarrois. Produit de pâte de farine très fine, en forme de demi-lune et fourré de raisins secs et pignons, que l'on mangeait seulement pendant carême, dans la tradition. Les Juifs consommaient des gâteaux similaires pendant la Pâque juive. Il y en a de deux types : aux légumes — avec des bettes, des épinards, des raisins secs et des pignons — et aux oignons. La pâte peut être sucrée ou salée.
8 Coca aux abricots. Une coca à la masse sucrée et à la texture spongieuse que l'on élabore pendant la saison des abricots, au printemps. Souvent on congèle les abricots pour pouvoir disposer de ce régal pendant toute l'année.

Vins en expansion

Le vin possède plus de trois-cent composants qui lui donnent une structure unique. Les experts le définissent par sa couleur, son arôme et sa saveur. En ce qui concerne la saveur, c'est certainement le produit le plus sophistiqué qui existe. Aujourd'hui les Baléares retrouvent le goût de faire du bon vin qui les caractérisa au XIXe siècle et nombreux sont les propriétaires de caves qui appliquent les nouvelles technologies à leur production et qui s'efforcent de développer une valeur ajoutée. Les Romains furent probablement les premiers à importer la vigne et à développer sa culture à Majorque, et depuis celle-ci n'a pas cessé d'être présente sur l'île.

Le XVIIIe siècle fut sans doute l'une des époques les plus prospères, en témoigne le fait que l'on passa d'une production de 88.000 hectolitres en 1777 à 335.331 hectolitres produits en 1802.

Au XIXe siècle, dans les années 30, les conditions économiques difficiles et la maladie du puceron provoquèrent un fort recul de la production et peu après, le phylloxéra fit son apparition en France, qui commença à importer des vins espagnols et italiens pour affronter une forte demande interne, grâce à quoi, en partie, la vigne s'étendit rapidement dans toutes les Baléares. Il suffit d'un chiffre pour illustrer cette réalité : un total de près de cinquante millions de litres de vin quittèrent les ports de Palma, Porto Colom et Alcúdia vers la France et la péninsule ibérique. Cependant, dans les années suivantes, le phylloxéra apparut dans les vignes des Baléares, qui dès lors cessèrent d'être la principale source de richesse des îles. Elles furent alors

Les vins de l'île s'améliorent année après année. Il y a deux zones vinicoles disposant de la *Denominación de Origen* : Binissalem et Pla i Llevant.

95

arrachées et remplacées par des amandiers la plupart du temps.

Depuis, la réintroduction de la vigne s'est faite lentement, à partir des ceps américains greffés d'autres variétés. Pendant la première moitié du XXe siècle, la vigne regagna du terrain peu à peu, mais la guerre civile provoqua un recul de sa culture, car l'obtention de produits de première nécessité, comme les céréales, était prioritaire. En plus de cela, dans les années quatre-vingt, un important processus d'arrachage des vignes eut lieu, stimulé par les subventions communautaires. Mais la décennie des années quatre-vingt-dix du point de vue de la qualité, fut une des meilleures époques dans le panorama vinicole insulaire.

Aujourd'hui, l'effort des viticulteurs pour l'amélioration de leur production et l'intérêt des consommateurs pour les produits de la terre ont situé les vins majorquins là où ils méritent d'être. A Majorque il existe deux zones vinicoles protégées par une

Les vins locaux sont préparés en combinant des variétés de raisin autochtones et d'autres, étrangères.

Dénomination d'origine : Binissalem et Pla i Llevant. On fait aussi du vin dans la Serra de Tramuntana, à Andratx et Inca.

Variétés. La sélection de variétés est l'un des aspects les plus déterminants dans la configuration d'un bon vin et normalement on mélange différents types de raisin qui nuancent et enrichissent le résultat final. Certaines variétés locales qui donnent leur personnalité à la production majorquine sont les suivantes :

Mantell negre. Raisin riche en sucres et arômes qui donnent un vin de peu de couleur, à haute teneur en alcool, à faible acidité et amer. C'est la base des vins rouges de la *comarca* de Binissalem.

Callet. Une autre variété de raisin noir qui donne des vins rouges fruités, de peu de corps et à faible acidité, ou bien des rosés aromatiques et à faible teneur en alcool. Une grande partie des vignes de Pla i Llevant sont destinées à la culture de cette modalité.

Prensal blanc. Une variété de raisin blanc qui donne un vin de couleur jaune-paille clair, chargé d'arômes de fruit mûr, saveur limpide et gaie, un fruité caractéristique, une acidité juste et du corps. C'est la principale variété de raisin pour les vins blancs et les mousseux de la comarca de Binissalem.

1

2

3

Pour obtenir de bons vins, en plus du sol et du climat, le processus de vinification est important.

1 L'élaboration du vin commence avec la vendange, qui en général a lieu de la mi-août à la fin octobre.

2 On coupe soigneusement les grappes.

3 Ensuite, on les met dans des paniers ou des boîtes que l'on transporte jusqu'aux unités de vinification.

4 Alors on sépare les grains de raisin et la machine presse les raisins avec la pression nécessaire pour éviter que les graines et d'autres restes solides contaminent le moût. Dès lors, le processus suit différentes voies, selon qu'il s'agit de vin blanc, rosé ou rouge.

5 Ensuite a lieu la fermentation, un processus qui dure en général de huit à quinze jours et au cours duquel les sucres du moût se transforment en alcool, en divers composés organiques et en dioxyde de carbone. Une fois la fermentation terminée, on soumet le vin à différents transvasements pour éliminer les restes solides. Finalement on procède à la sélection des qualités et aux mélanges correspondants pour obtenir le résultat souhaité.

Vin blanc. Dans le cas du vin blanc, avant la fermentation, les moûts se clarifient par décantation statique à basse température.

Vin rosé. L'élaboration du vin rosé est similaire à celle du blanc, mais on utilise du raisin noir ou un mélange de blanc et noir. Avant la fermentation, le moût est soumis à courte macération à froid avec les peaux du raisin, d'où il prendra sa couleur. Ensuite on sépare les matières solides du moût et on procède à la fermentation.

. . .

4

5

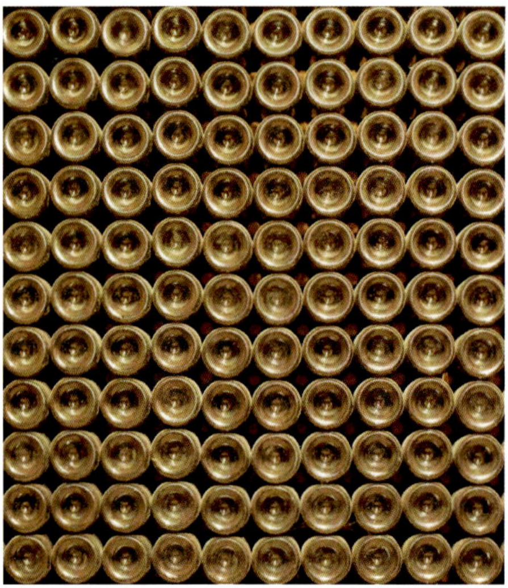

Vin rouge. Le moût de raisin noir est macéré avec les peaux et les grains du raisin pour obtenir sa couleur caractéristique. Les vins rouges subissent deux fermentations : la première s'appelle fermentation alcoolique ou tumultueuse, à cause de l'importante activité des levures. Les sucres se transforment en alcool, du dioxyde de carbone est relâché et les matières colorantes de la peau se dissolvent dans le moût. Le dioxyde de carbone fait remonter les peaux vers le haut, en formant une barrière naturelle qui, lorsqu'elle entre en contact avec le moût, active l'extraction de la couleur.
Une fois la couleur obtenue, on transvase le liquide, déjà séparé de la matière solide, vers un autre réservoir dans lequel aura lieu la deuxième fermentation, qui donne au vin sa finesse et sa douceur. Une fois les deux fermentations terminées, le vin subit différents transvasements et traitements de clarification et stabilisation. Finalement, il est sélectionné par qualités : s'il s'agit de vin nouveau, on le met immédiatement en bouteille ou bien il reste dans des tonneaux en bois jusqu'à la fin des processus de mise en fût requis selon les caractéristiques du vin. Certains vins rouges permettent d'expérimenter un processus de *criança* (maturation, vieillissement en fût) long, pendant lequel la complexité des composants augmente et le bouquet devient plus intense, fin et agréable. La phase finale de vieillissement se fait en bouteilles, sans air.
Jadis, à Majorque, on fêtait l'arrivée du vin nouveau en mettant une branche de vigne à la porte de la cave. Aujourd'hui, certaines des anciennes caves (*cellers* en catalan) se sont reconverties en restaurants populaires spécialisés dans la gastronomie locale.

RAMONEDA
02-6A
RAMONEDA
02-6A
RAMONEDA
02-6A
02-6A

Dénominations d'origine

À Majorque, il y a deux zones vinicoles qui bénéficient d'une Dénomination d'origine (D.O.) : Binissalem et Pla i Llevant. La D.O. Binissalem protège les vins rouges, rosés, blancs et mousseux, élaborés principalement avec les raisins des variétés autochtones *Mantell Negre* et *Moll*. Les rouges ont une teneur en alcool élevée, une forte personnalité, avec du corps ; ils sont bien équilibrés et aptes pour la *criança* (maturation en tonneaux). Les blancs sont différentiés, délicats et fruités. La comarca vitivinicole de la D.O. Binissalem est située en plein centre de l'île et comprend les communes de Santa Maria del Camí, Binissalem, Sencelles, Consell et Santa Eugènia. La Serra de Tramuntana la protège des vents froids du nord et favorise un microclimat bénin, avec des étés chauds et des hivers courts.La zone qui comprend la D.O. Pla i Llevant possède une longue tradition viticole puisque la vigne est cultivée ici depuis la domination romaine. La production inclut les communes d'Algaida, Ariany, Artà, Campos, Capdepera, Felanitx, Llucmajor, Manacor, Maria de la Salut, Montuïri, Muro, Petra, Porreres, Sant Joan, Sant Llorenç des Cardassar, Santa Margalida, Sineu et Vilafranca de Bonany.

Fira des Veremar

Chaque année à Binissalem, pendant la dernière semaine de septembre, a lieu la Fira des Veremar (fête de la vendange), qui inclut aussi la Foire Dénomination d'Origine Binissalem-Majorque à laquelle participent presque toutes les caves locales. C'est une véritable fête du vin et du raisin, et à cette occasion sont organisés des défilés de carrosses, des veillées, des bals populaires, des démonstrations liées aux vendages, concours de raisins, etc. C'est un exemple de la récupération de l'activité vinicole dans la région qui, en 2005, destina à la production de vins de D.O. presque six-cent hectares, et pour laquelle quinze caves élaborèrent plus de dix-huit mille hectolitres de vin.

Les vins recevant l'appellation D.O. Binissalem sont rouges, rosés, blancs ou mousseux. Ceux de plus grande réputation et production sont les vins rouges et on distingue ceux de la catégorie *criança*. Dans les vins blancs prédominent les caractéristiques de la variété de raisins Moll et ce sont des vins aux arômes de fruits très frais.

Tous les habitants de Binissalem et des environs participent à la foire, une véritable immersion dans la culture du vin.

La cuisine de la mer

« Le poisson passé par la cuisine subit une transformation au détriment, si vous voulez de son esthétique, mais en faveur de sa domestication. Cette dame qui voit sauter une langouste tout juste sortie de l'eau sent comme une attaque au cœur, son regard devient brillant et tendre sur le crustacé quand on le lui sert ;... L'homme adore les métamorphoses ; la seule source qui dans son organisme ne secrète pas de tristesse est l'imagination ». Ces mots de Josep Pla — voyageur, gastronome et écrivain catalan qui parcourut Majorque plusieurs fois — illustrent la passion et la magie gastronomique que distillent la cuisine du poisson et des fruits de mer.

Majorque, en tant qu'île, bénéficie des produits de la mer et l'imagination conjuguée à la nécessité ont généré d'excellentes recettes. La plupart sont des plats inventés par les pêcheurs qu'on peut aujourd'hui déguster dans les meilleurs restaurants spécialisés en poisson frais, certains se fournissent d'ailleurs avec leur propre barque. Pour vérifier la richesse des eaux baléares, il suffit de faire une promenade sur les marchés et halles aux poissons, ou d'assister au débarquement quotidien des bateaux de pêche basés dans les ports les plus actifs : Palma, Santanyí, Port d'Andratx, Sóller, Alcúdia et Cala Rajada.

L'un des poissons les plus consommés est le **mérou**, à la chair blanche et fine, à la saveur douce et délicate. On peut le préparer de diverses manières, mais généralement c'est au four qu'on le prépare, avec des légumes. On tire parti de tout :

Le coryphène, poisson très consommé à Majorque, ne peut être pêchée qu'à la fin de l'été, avec des bateaux de pêche artisanale.

avec la tête on peut préparer un excellent bouillon de poisson ou enrichir soupes et riz. La **sardine** est également très appréciée, que l'on prépare au grill en été, avec un peu d'huile et de sel marin, mais elle est aussi délicieuse roulée dans la farine et frite. Le secret, comme pour tous les poissons, c'est leur fraîcheur.

Le **rouget** est un poisson très apprécié dans toute la Méditerranée et les grands cuisiniers lui ont donné sa place dans la haute restauration. Il se combine très bien avec des légumes sautés et des herbes aromatiques et une fois frit, il répand une huile délicieuse qu'il ne faut pas manquer d'apprécier. De par sa saveur délicate, sa cuisson ne doit pas être excessive. Les Romains étaient de grands amateurs du rouget, l'un des ingrédients du ***garum***, sauce dont ils accompagnaient toutes sortes de plats et qu'ils appréciaient beaucoup. On la préparait en superposant des couches de poisson, qui fermentait sur un lit d'herbes aromatiques et sous une couche de sel.

Le **picarel** (en catalan, *gerret*) est une espèce particulièrement appréciée à Majorque, à cause de sa texture molle et de son arôme intense. Son prix est abordable et on le trouve sur les marchés surtout en hiver. Les femelles sont plus appréciées

Pour pêcher le coryphène, on utilise des filets particuliers, les *llampugueres*, qu'entourent des bouées flottantes sous lesquelles ils se trouvent.

que les mâles, car elles contiennent plus de graisse. Généralement on le fait frire avec de l'huile d'olive ou on le prépare en escabèche, et on l'utilise aussi pour enrichir les bouillons.

La **raie**, à la chair blanche et cartilagineuse, est un poisson très consommé. Sur les marchés, on en trouve plusieurs types : la plus fréquente et de meilleure qualité s'appelle « de clous », suivie par celle appelée « des miroirs ». La partie comestible corresponde aux nageoires et à l'axe central du squelette. À cause de son goût fort, il est recommandé de la faire mariner quelques heures avant de la cuisiner. On la mange frite à l'huile d'olive, en escabèche, avec des vermicelles ou en marmite avec des pommes de terre et des légumes.

Le **bruant** jaune est l'un des plus grands poissons de la Méditerranée et peut arriver à peser cinquante kilos. Les exemplaires jeunes s'appellent ***verderoles*** et se mangent frits ou en escabèche. Leur chair est compacte, forte et leur goût

La pêche artisanale constitue un précieux patrimoine culturel et économique de Majorque, et elle permet de réaliser des pêches sélectives.

exquis et les grandes pièces coupées en tranches se préparent à la poêle, en escabèche ou à la casserole.

La **rascasse** (*cap-roig*, en catalan) est très appréciée pour sa chair blanche, ferme et consistante et son intense arôme de mer. Elle est indispensable dans la *bullabesa* (bouillabaisse) soupe de poissons et de crustacés que l'on sert passée au chinois, avec le poisson à part. À Majorque, la rascasse se mange de manière plus simple, grillée

Les ports de pêche les plus actifs sont ceux de Palma, Santanyí, Port d'Andratx, Sóller, Alcudia et Cala Rajada.

ou bien bouillie accompagnée de pommes de terre et légumes.

Le **poulpe** est un céphalopode très consommé, à la casserole avec des oignons, cuit et arrosé d'huile d'olive, paprika et gros sel ou comme protagoniste du *frit de pop*, un plat excellent, accompagné de pommes de terre et de légumes et assaisonné au fenouil et d'autres espèces. Il possède une chair dure qui demande une longue cuisson ou d'autres systèmes comme la congélation préalable ou de le frapper fortement pour le ramollir. Et il ne faut pas oublier l'importance des **calamars**, à consommer à la poêle ou farcis de différentes combinaisons, ni la **seiche**, excellente lorsqu'elle est préparée avec des oignons, des raisins secs et des pignons, ou avec des oignons, de la tomate et un peu de *sobrassada*.

En ce qui concerne les fruits de mer, on remarquera le **gros bouquet** et la **crevette rose**, surtout lorsqu'ils sont préparés au grill, sans accompagnement. La langouste est aussi protagoniste de plats mémorables comme la marmite majorquine ou la langouste à la marinière, cette dernière accompagnée de riz.

Certains parmi les meilleurs restaurants de poissons et de fruits de mer s'approvisionnent quotidiennement de la pêche de leurs propres barques.

Poisson et patrimoine

Le **coryphène** (*llampuga*) est sans doute le poisson le plus patrimonial de Majorque. Certains prétendent que son nom provient du verbe catalan *llampegar* (lancer des éclairs) et du fait que le début de la pêche à la lamproie commence à la fin de l'été, période de tempêtes en Méditerranée. Pour d'autres, le mot proviendrait du latin *lampare* (briller), et ferait référence à la couleur brillante et dorée du poisson (de fait en espagnol on l'appelle *dorado*). Sa chair est savoureuse et possède une saveur intense, même s'il n'est pas considéré comme un poisson de première qualité.

À la fin de l'été, les coryphènes apparaissent massivement dans la Méditerranée, et on les pêche à bord des *llaüts*, les barques de pêche traditionnelles.

On le pêche à la fin de l'été, quand les exemplaires jeunes apparaissent massivement en Méditerranée. Pour leur capture, on utilise des filets appelés *llampugueres* qui entourent des objets flottants sous lesquels se situent généralement les lamproies. Les pêcheurs, profitant de cette habitude, les attirent en calant des flotteurs (*capcers*) et en tirant ensuite sur les filets. La pêche a lieu à bord des embarcations traditionnelles, appelées *llaüts*.

Cette pêche se déroule principalement dans les ports de Sóller, Pollença, Andratx, Porto Colom, Cala Figuera et Cala Rajada. Dans certains livres de recettes médiévales de Majorque, apparaissent déjà des références à la manière de préparer la lamproie. Aujourd'hui, on la consomme de préférence au grill, en escabèche ou frite à l'huile d'olive garnie de poivrons rouges frits ou de *tombet* (plat délicieux à base de pomme de terre, d'aubergine et de poivron rouge).

Mostra de la Llampuga

À Cala Rajada, Capdepera, la Mostra de la Llampuga (exposition de lamproie) a lieu tous les derniers week-ends de septembre. À la même époque que celle de sa capture, on prépare plus de trois mille kilos de lamproie pendant la Mostra, selon des recettes traditionnelles ou innovatrices. De nombreux établissements y participent avec différentes propositions et les visiteurs peuvent déguster différents plats pour le prix d'un menu. La Mostra est une véritable fête qui offre des concerts et des expositions d'anciens instruments de pêche ou de photo. On peut déguster des plats aussi créatifs que la quiche à la *llampuga*, les vermicelles secs de *llampuga*, des croquettes de *llampuga* et de *gambes*, la *llampuga* en escabèche... Ou bien la *llampuga* traditionnelle avec des piments rouges frits qu'il faut goûter au moins une fois dans sa vie.

La *Mostra* implique un parcours gastronomique de différentes propositions classiques et innovatrices autour de la daurade.

Or liquide

L'huile d'olive transforme tous les aliments en or. Elle leur donne de la personnalité, élève leur catégorie, modifie leur texture et leur transmet arôme, saveur et couleur. C'est une référence fondamentale dans la cuisine méditerranéenne et elle est employée depuis des millénaires non seulement comme aliment, mais aussi comme baume, onguent ou essence rituelle. La diététique moderne s'est inclinée devant elle et lui a donné la place qu'elle mérite, aussi bien pour ses vertus culinaires que curatives, puisqu'elle contribue à réduire un certain type de cholestérol et qu'elle diminue le risque de maladies cardio-vasculaires.

Le mot espagnol *aceite* provient de l'arabe *al-zait* qui veut dire jus d'olive. Les Phéniciens et les Grecs introduisirent l'olivier dans la péninsule ibérique et les Romains et les Arabes améliorèrent sa culture et sa production. Le commerce de l'huile contribua à développer l'économie de la région méditerranéenne et elle devint la matière grasse fondamentale dans sa cuisine. Aujourd'hui, presque quatre-vingt-dix pour cent de l'huile d'olive continue à être élaborée autour de la Méditerranée.

Le climat et la géologie insulaires favorisent la production d'une huile d'olive d'une grande personnalité, fruitée ou bien douce.

À Majorque, on produit de l'huile d'olive vierge extra qui bénéficie d'une dénomination d'origine, élaborée sur l'île avec des olives des variétés majorquine, arbequina et picual.

Suivant le degré de maturation des fruits au moment de leur cueillette, on distingue deux types d'huile : fruitée et douce. La première provient de la collecte qui se fait plus tôt, alors que la deuxième s'obtient d'olives plus mûres et est caractérisée par sa couleur jaune dorée et à son goût doux.

Les caractéristiques du sol, le climat, les précipitations irrégulières et l'âge avancé des oliviers majorquins, — certains vieux de plus de cinq cents ans — influent sur la faible quantité d'olives produites pour élaborer une huile de qualité. Ces facteurs et les variétés d'olives présentes à Majorque donnent des huiles aux caractéristiques très personnelles.

L'huile produite sur l'île est appréciée depuis l'Antiquité. Dans *Die Balearen*, l'une des meilleures œuvres et des plus documentées sur la vie et les coutumes locales, écrite par l'archiduc Louis Salvador d'Autriche pendant son séjour à Majorque à la fin du XIXe siècle, ce dernier fait l'éloge de la qualité de l'huile vierge utilisée dans les salades ou dans le simple mais délicieux *pa amb oli*, l'un des plats les plus populaires dans les foyers de l'île.

À l'époque de la Couronne d'Aragon, au XIIIe siècle, on exportait déjà de l'huile et d'autres produits vers l'Afrique du Nord. Au XVIe siècle, la production d'huile constituait la principale source

L'huile fruitée est obtenue à partir d'olives vertes, et l'huile douce, de fruits mûrs qui ont davantage de nutriments.

de richesse pour de nombreuses propriétés, dont certaines possédaient leur propre moulin à huile, et la culture de l'olivier s'étendit sur toutes les parties septentrionales et méridionales de la Serra de Tramuntana.

Jusqu'au XIXe siècle, l'huile constituait un ingrédient de base dans l'alimentation des Majorquins et un produit très important pour l'économie insulaire ; elle représentait entre 65% à 80% des exportations. C'est avec ces ressources que l'on payait les importations de produits en quantité insuffisante sur l'île, comme le blé.

Production. La zone de production et d'élaboration de l'huile d'olive s'étend sur presque toutes les communes de Majorque. Certains facteurs environnementaux sont propices à l'extension de l'olivier, comme le niveau élevé d'humidité atmos-phérique qui permet, malgré la rareté des précipitations, que les oliviers s'adaptent facilement aux périodes de sécheresse, qui stabilise la production d'olives, sa composition chimique et par conséquent la qualité de l'huile. La présence de la Serra de Tramuntana, au nord de l'île est un autre facteur positif car elle constitue une barrière naturelle qui protège les cultures des vents du nord, néfastes.

Les olives sont sélectionnées avant le pressage pour l'obtention de l'huile.

Certains *tafones*, les moulins à huile, élaborent l'huile grâce à un système continu, dans lequel le processus d'extraction est automatique.

Les plantations d'oliviers se trouvent sur des parcelles à différentes altitudes, du niveau de la mer à huit cent mètres dans les zones de montagne. Depuis des siècles et pour contrer les pentes, on cultive les terres montagneuses en terrasses, qui non seulement évitent l'érosion du terrain, mais composent l'un des paysages les plus emblématiques de Majorque. Les terrasses de la Serra, orientées au sud, profitent au maximum de l'insolation et évitent le froid du vent du nord. Cependant, il est souvent difficile d'accéder à ces propriétés, ce qui influe sur les techniques de culture que l'on y utilise. En général, les exploitations de la montagne sont moins productives que celles de la plaine, car la mécanisation ou la collecte sont plus difficiles à mener à bien dans les parties abruptes. Tout cela fait que les olives soient cueillies à un point de maturation avancé, ce qui donne à l'huile une saveur caractéristique, douce et très suave.

À Majorque, on élabore encore l'huile de manière traditionnelle. Pour cela, on presse les olives avec des môles en pierre appelées *rutlons*, et on obtient une pâte que l'on presse en la plaçant entre des petits tapis de sparte empilés. Le liquide qui en résulte contient de l'eau et de l'huile, qu'il faut laisser reposer pour pouvoir les séparer.

De nombreux moulins à huile industriels élaborent l'huile d'olive vierge dans un système continu, où tout le processus est automatisé. Selon sa qualité, l'huile est classifiée dans des dépôts et est emmagasinée dans des conditions adéquates de température pour être ensuite mise en bouteille en la protégeant de la lumière solaire.

Des oliviers millénaires.

Les premiers indices de l'existence d'oliviers à Majorque datent du XVe siècle, mais la véritable expansion de la culture se produisit un siècle plus tard. Les arbres ont perduré et on ne connaît ni maladies, ni incendies qui aient obligé à les renouveler, ce qui permet de dire que l'ancienneté des plantations traditionnelles de la Serra de Tramuntana est d'environ cinq-cent ans. L'olivier fait partie du paysage et les Majorquins affirment que leurs oliviers, protagonistes de contes et légendes, sont millénaires. Il existe aussi des plantations beaucoup plus récentes, d'il y a dix ans au plus.

L'âge des oliviers contribue à l'ensemble des caractéristiques différentielles de l'huile élaborée à Majorque. Les plus vieux possèdent des éléments nutritionnels de réserve qui se mobilisent quand les fruits se forment et leurs olives sont plus aromatiques que celles des arbres les plus jeunes. Cet arôme se maintient dans l'huile obtenue.

Dans les propriétés, il est fréquent de trouver simultanément la culture de l'olivier et l'élevage de moutons, qui sont des animaux adaptés au climat et qui ont une double fonction, éliminer les mauvaises herbes et apporter de l'engrais organique. Cette combinaison d'arbres et d'animaux permet aussi de minimiser l'utilisation de pesticides et d'engrais chimique et évite ainsi la contamination de l'environnement en donnant une plus grande rentabilité à l'exploitation.

Les terrasses de la Serra de Tramuntana permettent de compenser les pentes et de profiter de l'eau de pluie.

Vertes, noires et fendues

Les olives ne manquent jamais dans les apéritifs à Majorque, c'est une tradition héritée des Romains : prises avant les repas, elles stimulent la production des sucs gastriques et facilitent la digestion ; dans l'île, elles accompagnent toujours le pain à l'huile ou le pain à la *sobrassada* (viande de porc hachée finement et assaisonnée, préparée dans un boyau). De nombreuses familles préparent leurs propres olives en suivant des recettes transmises de génération en génération.

La cueillette des olives vertes a lieu au début de l'automne, alors que les noires sont ramassées à partir du mois de décembre, quand elles sont déjà très mûres. Ces dernières sont plus nutritives, parce qu'elles sont demeurées plus longtemps dans l'arbre et qu'elles contiennent moins d'eau et davantage de nutriments et d'huile. À Majorque, on sale les olives de trois manières différentes : vertes entières, vertes cassées — fendues — et noires. Peut-être les plus traditionnelles sont-elles les olives fendues, à la saveur intense et un peu amère. Pour les préparer, on sélectionne les meilleurs fruits, en rejetant ceux qui sont trop mûrs ou légèrement piqués. On les écrase avec une masse de bois, sans aller cependant jusqu'à casser le noyau. On les fait ensuite tremper pendant une semaine pour éliminer leur saveur amère, et en changeant l'eau chaque jour, puis on les dispose dans un récipient de verre, en alternant les couches d'olives et les morceaux de citron, les petites branches de fenouil et les feuilles de laurier. Enfin, on couvre l'ensemble de saumure — que l'on prépare en faisant bouillir de l'eau et, une fois refroidie, en ajoutant entre 20 et 30 g de sel par litre. Au bout de trois ou quatre semaines, on peut les consommer.

Paysage et aliment

L'amande fait partie du paysage et de la gastronomie de Majorque. Les champs d'amandiers, qui s'étendent sur tout le territoire insulaire, constituent un spectacle dont la beauté attire des milliers de visiteurs en hiver. L'importance de cette culture se reflète aussi dans la gastronomie, où l'amande est un ingrédient indispensable des plats traditionnels aussi bien sucrés que salés.

C'est au XVIIIe siècle que l'on a planté de grandes superficies d'amandiers, dont la production a été rentable pendant presque deux cents ans. De fait, ils ont substitué les vignobles majorquins lorsque ceux-ci ont été attaqués par le phylloxéra. C'est à cette époque que les amandiers ont commencé à occuper de grandes extensions de terre, souvent associés à d'autres cultures, telles que les céréales.

Cependant, entre 1940 et 1950 l'amandier a commencé à décliner. Les arbres récemment plantés, souvent dans des lieux peu adaptés, n'ont pas été rentables, et la période de l'après-guerre a favorisé la culture des céréales, plus nécessaires et mieux payées dans ces moments de pénurie généralisée.

Curieusement, c'est l'industrie touristique qui a donné une impulsion inattendue à l'amandier : les champs d'amandiers de Majorque en fleurs ont en effet servi comme publicité pour attirer les touristes ; c'est que le paysage de ces arbres fleuris en hiver, au pied des montagnes parfois enneigées de la Serra, sont une des plus poétiques métaphores de la promesse de renaissance du printemps.

De nos jours, l'amande majorquine est un produit en nette récupération. C'est la culture de l'île qui occupe la plus grande superficie, bien que peu de paysans

La culture de l'amandier est celle qui occupe la plus grande superficie dans l'île, avec des exploitations de 5 ou 6 hectares.

Dans certaines maisons qui disposent d'amandiers, on grille leurs fruits et on les sert pour accompagner les apéritifs.

vivent exclusivement de sa production, et qu'ils doivent en général combiner son exploitation avec celle des caroubiers et certaines cultures de zones sèches, ainsi qu'avec l'élevage de brebis, que l'on voit souvent paître au milieu des arbres. La majorité des exploitations sont petites, entre cinq et six hectares, et elles ont une production moyenne d'environ trois cents kilos par hectare.

Les principales zones de production se concentrent dans les municipalités de Marratxí, Bunyola, Santa Maria, Sencelles, Lloseta, Selva, Manacor, Sant Llorenç et Son Servera. Au cours de ces dernières années, l'amande majorquine a souffert de la concurrence des prix et de l'aspect de l'amande californienne, bien que pour certains experts, l'amande autochtone a davantage de goût, du fait de son plus grand contenu en graisses et en sucres.

Pour stimuler la production ainsi que la consommation des amandes, l'Association pour le développement de l'amande majorquine a créé la marque de garantie collective *Amande majorquine.* Cette appellation identifie une amande — *Prunus amygdalus B.* — singulière par son goût et son onctuosité, qui la rend tout particulièrement apte pour la pâtisserie, et qui est commercialisée sous différentes formes — avec sa coquille, entière, pelée, etc. — afin de faciliter son utilisation par le consommateur.

Le paysage hivernal de centaines d'amandiers en fleur a servi comme réclame touristique, et il continue à attirer des milliers de visiteurs.

Les propriétés sont en général limitées par des murs de pierre sèche, véritable art en nette récupération dans toute l'île.

Dans de nombreuses maisons et de nombreuses fermes qui disposent de quelques amandiers, les amandes sont grillées au four, puis on les mange ou on les offre en guise d'apéritif. Dans les plats salés, elles font partie, conjointement à l'ail et à quelques autres ingrédients, des « épices » pilées qui donnent une certaine consistance et un certain goût aux ragoûts. Elles sont aussi utilisées dans la farce qui accompagne le cochon de lait — la *porcella* — de Noël que l'on prépare dans la région du Llevant. Dans les plats sucrés, on l'utilise pour préparer le touron — comme la *coca de turró*, le touron de *Xixona* ou massepain, et le *tambor d'ametlla* —, des glaces — que l'on peut préparer avec des amandes aussi bien crues que grillées —, des petites pâtisseries traditionnelles — *amargs* et *mantegades* —, des pâtisseries plus importantes, comme le *gató* et le très nourrissant lait d'amandes, rafraîchissement que l'on boit depuis le Moyen Âge et qui est élaboré avec des amandes pressées et de l'eau.

La cueillette des amandes est réalisée manuellement ou bien avec des machines, en fonction de la superficie de la propriété.

Cadeau des dieux

Le miel, déjà vanté par Virgile dans son préambule aux *Géorgiques*, est l'un des premières délices de l'humanité : « Maintenant, je chanterai le miel, cette rose de l'air, ce doux cadeau des cieux ». Les Grecs et les Romains l'ont utilisé comme liquide de cuisson, en le combinant avec d'autres ingrédients pour élaborer des farces de viande, des puddings et des sauces. Les Arabes inondèrent les pâtisseries de miel. Il a servi pour conserver les fruits entiers ou en marmelade. La cuisine indienne l'a utilisé pour conserver les viandes pendant des mois.

Et il a été utilisé, de l'Antiquité à la Renaissance, comme édulcorant et condiment pour de nombreux plats, en le mélangeant avec des substances piquantes ou parfumées. C'est un produit naturel qu'élaborent les abeilles pour nourrir leurs larves, et il présente diverses saveurs et couleurs, ainsi que divers arômes selon l'espèce de fleur qu'ont butinée les insectes. Les abeilles ouvrières transforment en miel, dans leur estomac, le nectar, qui est une substance douce que produisent de nombreuses fleurs pour attirer les insectes.

À Majorque, on élabore le miel depuis des siècles. L'apiculture, c'est-à-dire l'élevage des abeilles pour la pollinisation des récoltes, l'obtention de miel et d'autres produits, est un art ancien, originaire semble-t-il du Proche-Orient. Les Égyptiens élevaient déjà des abeilles il y a des milliers d'années, et ils commercialisaient le miel ainsi que la cire sur la côte orientale de l'Afrique. Jusqu'au XIXe siècle, les apiculteurs recueillaient le miel et la cire en tuant ou en endormant les abeilles, jusqu'à ce que les découver-

À Majorque, on élabore le miel de mille fleurs, de caroubiers ou d'amandiers, entre autres.

tes du Nord-Américain Lorenzo Lorraine Langstroth aient permis de récolter ces produits sans détruire la colonie d'insectes.

Le miel contient jusqu'à 80 % de sucres, que l'organisme humain absorbe rapidement. Aucun autre produit naturel n'apporte autant d'énergie de manière aussi immédiate. En plus de l'eau, on a rencontré dans le miel plus de cent quatre-vingts composants : presque tous les minéraux, divers acides organiques et des acides aminés. Si on le chauffe, il perd certaines de ses propriétés, et il convient de le conserver dans un lieu sec, frais et sans lumière.

Aux Baléares, il y a environ 11 000 ruches, avec un rendement moyen de 6,36 kilos chacune, qui produisent environ 70 000 kilos de miel à l'année. La variété la plus produite est connue sous le nom de « mille fleurs ». Pour la production de miel à Majorque, il y a deux récoltes. La première donne un miel multiflore que l'on connaît comme *miel de mai* ; il a une couleur ambre clair, et il est riche en minéraux et

Dans les îles, il y a environ 11 000 ruches qui produisent autour de 70 tonnes de miel chaque année.

en vitamines. La seconde récolte produit un miel moins aromatique et moins sucré que le précédent : le *miel de novembre* ou de la *Toussaints*, que l'on obtient essentiellement avec la fleur du caroubier ; il est de couleur très sombre et il a une certaine tendance à solidifier. Certains apiculteurs recueillent le miel immédiatement après certaines floraisons, et ils obtiennent ainsi, par exemple, le miel d'amandier, au goût intense avec une touche d'amertume.

Dans l'île, le miel est surtout utilisé comme ingrédient pour préparer des pâtisseries, des tourons, des massepains et des gâteaux, pour élaborer l'hydromel et certaines liqueurs, ainsi que pour certaines recettes salées. L'un des plus surprenants délices est la *sobrassada* au miel : on passe la *sobrassada* à la poêle, on la tartine sur des tranches de pain grillé et on arrose avec un filet de miel. On fait aussi des beignets de bette au miel. En guise de dessert, les *llesques de Papa* sont des tranches de pain perdu, excellentes si on les arrose de miel avant de les manger. Il y a aussi quelques producteurs d'hydromel, que l'on élabore depuis le Moyen Âge à partir de la fermentation alcoolique en faisant réduire le miel avec de l'eau et en ajoutant quelques extraits, des épices et le jus de certains fruits.

Certains apiculteurs recueillent le miel après certaines floraisons, comme celle de l'amandier par exemple.

Liqueurs: *herbes* et *palo*

Les liqueurs de Majorque par excellence sont les *herbes* et le *palo*. Elles ont toutes une origine médicinale, comme remède contre la fièvre, les vers ou le mal au ventre. De nos jours, ces boissons si typiques et tellement consommées sont protégées par une dénomination géographique qui garantit leur qualité.

Infusion d'herbes. Les infusions sont élaborées par macération de plantes aromatiques dans de l'alcool. Il suffit de soixante jours pour donner lieu à une boisson complexe qui présente une fusion de parfums tout à fait remarquable. Depuis des temps immémoriaux, les Majorquins connaissent les propriétés médicinales de nombreuses plantes sauvages — comme le fenouil, la menthe poivrée, la menthe, le romarin ou la camomille — qui ont été utilisées pendant des siècles sous forme de tisane pour combattre des maladies. Certaines de ces infusions ayant une saveur amère, on avait pris l'habitude de leur ajouter du sucre, coutume qui s'est maintenue avec l'élaboration des *herbes dolces* (herbes douces).

On a commencé à préparer la liqueur d'herbes dans les maisons il y a environ deux cents ans. Aujourd'hui, on maintient dans de nombreuses familles la tradition de mettre un petit bouquet d'herbes aromatiques — cueillies entre mai et juin, et dont la composition est un véritable secret transmis de génération en génération — dans une bouteille et de les laisser macérer avec de l'anis. Déguster et offrir ce type de liqueur faite à la maison est un rituel qui plaît autant à l'amphitryon qu'à l'invité.

Au XIXe siècle, on a commencé à fabriquer les *herbes* de manière industrielle et, en dépit du fait que les réglementations régulatrices décrivent comment elles doivent être élaborées, chaque fabricant a ses petits secrets. Les herbes contiennent, entre autres plantes, la Marie-Louise ou verveine odorante, la camomille, l'oranger, le citronnier, le romarin, la mélis-

Entre autres plantes, les *herbes* contiennent de la Marie-Louise, de la camomille, du romarin, de la mélisse et du fenouil.

se sauvage et le fenouil, qui sont toutes cueillies à Majorque. Pour extraire leurs arômes, on utilise la distillation et/ou la macération. Le liquide résultant est transparent et de couleur verte à ambre. Il y a trois types d'herbes : douces, mélangées ou sèches.

Apéritif de caramel. C'est des Andes que proviennent de fameuses boissons qui ouvrent l'appétit, stimulent la sécrétion gastrique et favorisent la digestion. Le *palo* est l'une d'entre elles. Il s'agit d'une boisson traditionnelle, dense et sombre, qui réaffirme d'un seul coup, avant de manger, sa saveur aux amandes grillées.

Le *palo* se boit avec de la glace et du soda, ou bien avec de la glace, du jus de citron et quelques gouttes de gin.

La quinine — *Cinchona sp.* — et la gentiane — *Gentiana sp.* — sont ses composants de base. Le nom de *palo* provient du terme même qui a désigné, pendant des années, la quinine, plante d'origine américaine dont l'écorce était utilisée pour faire des infusions faisant baisser la fièvre. Le sucre et la combinaison d'autres substances ont favorisé sa dégustation, et l'alcool l'a élevé sur l'autel des apéritifs.

À la fin du XVIIe siècle, les navigateurs rapportaient différentes espèces dans les îles Baléares pour les échanger contre de l'huile. Or, à la même époque, les moustiques proliféraient dans les zones humides, et les fièvres étaient donc une maladie commune. Les extraits de quinine et de gentiane démontrèrent leur grande utilité pour les combattre. Pour les rendre plus agréables au palais, on combinait ces extraits avec des sirops de moût de raisin, de figue sèche ou de caroube broyée.

Et, dès le XIXe siècle, le *palo* voyait le jour. Cet apéritif est obtenu par la macération hydro-alcoolique de quinine et de gentiane, ainsi que l'ajout de sucre caramélisé. Il est de couleur sombre et de densité élevée et on le prend en général avec de la glace et du soda, ou bien avec de la glace, un peu de jeu de citron et quelques gouttes de gin. Son processus d'élaboration a peu évolué, et on le conserve dans des tonneaux de chêne avant de le mettre en bouteille.

HOYA

Conserves et autres produits

Il y a des siècles que l'on élabore à Majorque des conserves avec les techniques les plus ancestrales : confitures et marmelades — conservées grâce à l'addition de sucre — ; olives, câpres, boutons de fleur et fruits (*tàperes* et *taperots*), au vinaigre ; et abricots, figues, piments secs et tomates sèches, dont la conservation est basée sur la perte d'eau et le séchage. Ces techniques ont permis à la population de disposer d'aliments pendant les hivers froids ou les périodes de sécheresse prolongée, ainsi que de mettre à profit les excédents de production.

Confitures et marmelades sont préparées en faisant cuire les fruits entiers, en morceaux ou écrasés, et en leur incorporant du sucre. Dans le monde rural, chaque maison élabore ses propres conserves à partir des fruits qui n'ont été ni consommés ni vendus.

Les câpres, boutons de fleur et fruits, constituent une conserve fondamentale qui accompagne de nombreux plats. Les câpres sont d'abord les boutons, les futures fleurs du câprier, plante d'origine asiatique qui pousse spontanément à Majorque entre les rochers ou dans les murs de pierre proches de la mer mais que l'on cultive aussi. Les fruits sont des baies allongées que l'on appelle *taperots*. Les câpres, boutons de fleur et fruits, sont conservées dans le vinaigre, qui inhibe la croissance des microorganismes.

À Majorque, on fait aussi sécher les abricots, les figues, les tomates et les piments rouges — ces derniers pour élaborer le *pimentón*, piment en poudre aussi connu sous le nom de paprika — . L'abricot sec est le fruit déshydraté de l'abricotier, sans noyau et coupé en deux, que l'on emploie pour préparer les *ensaïmades* et les *coques*.

Les conserves permettaient de disposer d'aliments dans les époques de pénurie, ou bien pendant les longs mois froids de l'hiver.

1 Câpres. Les câpres au vinaigre sont employées dans la préparation de nombreux plats, Des pizzas et des pâtes jusqu'à tout type de viande ou de poisson. On les consomme aussi en apéritif, et elles constituent la base de sauces telles que la sauce tartare, tout à fait indiquée pour accompagner le steak du même nom ou le saumon fumé. Elles constituent en outre un ingrédient essentiel de divers plats majorquins tels que la langue de bœuf aux câpres (*llengua amb tàperes*), et un accompagnement parfait pour le pain à l'huile et le *trempó* — qui est une salade d'été à base d'oignon, de tomate et de poivron vert.

2 Tomates séchées. Comme dans d'autres régions de la Méditerranée, on fait aussi sécher les tomates à Majorque. Leur saveur est particulière trop forte pour certains. On peut ensuite les conserver dans de l'huile d'olive et les manger accompagnées d'un bon morceau de fromage pas trop fait, ou bien les écraser pour enrichir les salades ou les ragoûts.

3 Marmelades et confitures. Aux Baléares, on élabore traditionnellement des confitures de prune et d'abricot mais, pour éviter la concurrence, les entreprises locales ont misé sur la production de confitures ménagères aux goûts plus hardis et méditerra-néens, parfois avec des produits de faible valeur commerciale tels que la figue, la figue de barbarie, la grenade, la grenade aigre — cette dernière étant excellente pour accompagner les viandes telles que le porc —, le coing, la pastèque, le melon, le raisin, etc. Ces confitures ne contiennent que du fruit, du sucre et de l'acide citrique, et elles sont préparées avec des techniques modernes en accord avec les contrôles de qualité les plus stricts. De manière générale, les confitures sont plus sucrées que les marmelades, et la quantité de fruit présent dépend de la catégorie du produit.

...

2

3

4

5

456

4 ***Taperots.*** Le *taperot* est le fruit du câprier, et on le conserve aussi dans le vinaigre. On peut le consommer comme apéritif ou en accompagnement du pain à l'huile. La récolte de la câpre, bouton de fleur et fruit, est une activité traditionnelle qui s'est peu à peu perdue au fil des années, car elle requiert une importante main-d'œuvre. À Majorque, on cultive le câprier dans les zones de Campos et de Llubí, avec certaines plantations importantes sur la commune de Sineu.

5 Figues sèches. Les figues sèches sont caractéristiques de Majorque. On en fait des pâtisseries ainsi que divers desserts. Dans la société rurale, les figues sèches étaient présentes dans les régimes alimentaires de toutes les classes sociales, et les sécher était une activité habituelle qui exigeait une délicate préparation et permettait de profiter de ce fruit pendant toute l'année. C'était en outre une source d'énergie importante pour réaliser les tâches agricoles. Avec les figues sèches, on élaborait aussi des recettes aussi diverses que le *pastís de figa* (gâteau de figue), les *escaldulms* (sorte de ragoût de poule ou de poulet), le *pichón* (pigeonneau) au miel et aux figues sèches, le pain de figues ou les figues marinées à l'anis et à l'*aiguardent.*

6 ***Fonoll marí*** (fenouil marin). Une spécialité de l'île : le fenouil marin au vinaigre. Cette préparation surprend toujours agréablement les visiteurs, c'est en effet un véritable délice que l'on ne trouve qu'ici. On le sert comme accompagnement de repas informels ou de l'omniprésent *pa amb oli.*

...

7 Oranges. Les oranges de Majorque sont petites et très sucrées. Leur production est importante pour l'économie insulaire, tout particulièrement dans les communes de Muro, Sa Pobla, Palma, Inca, Llubí et, surtout, Sóller. Dans cette dernière, en effet, les orangers occupent de grandes extensions et, lorsqu'ils sont en fleur, la vallée est inondée du délicat arôme de la fleur d'oranger. Souvent, une partie de la production domestique d'oranges est destinée à l'élaboration de confitures et de marmelades.

8 *Pa de figa.* (pain de figue). Il s'agit d'un dessert traditionnel et plein de calories. Avec les figues, les épices et les autres fruits secs on élabore le traditionnel pain de figue, que l'on consomme surtout à Noël. Autrefois, en plus d'une sorte de friandise, cette préparation constituait un important apport énergétique pour les paysans, qui devaient affronter les dures tâches agricoles.

9 Piment rouge séché. Depuis son arrivée d'Amérique, le piment et son dérivé, le paprika, se sont incorporés à la gastronomie insulaire. Les piments sont séchés au soleil puis écrasés et moulinés pour en faire une poudre douce ou piquante, le paprika, ingrédient fondamental de la *sobrassada* et de nombreux plats. Dans la bourgade de Pòrtol, on tisse encore les piments en chapelets et on les pend au soleil sur la façade des maisons de pierre. Une fois secs, on les passe au four puis on les moud. Malheureusement, c'est une image qui est sur le point de disparaître car, de nos jours, la production de paprika est totalement industrialisée.

8

9

10

11

12

10 Figues de Barbarie 11 Coing 12 Figues sèches
13 Piments 14 Grenades 15 *Brossat* (fromage frais)

13

14

15

16
TOMATIGUES
SEQUES
18€/kilo

Autres produits.

Figues de Barbarie, pamplemousses et grenades sont des fruits d'une faible valeur commerciale qui ont alimenté les Majorquins pendant des siècles. De nos jours, on prépare avec ces fruits d'excellentes confitures. Il y a aussi à Majorque une importante production de fromages de vache et de brebis, et notamment le *brossat* (fromage frais) indispensable pour élaborer certains délices de pâtisserie tels que les *robiols* ou les *duquesses*. Le potager majorquin conserve une production constante de légumes d'hiver et d'été, comme les choux, les épinards, les bettes, les choux-fleurs, les poivrons — verts et rouges, doux ou piquants (que l'on appelle alors piments) —, les courgettes ou les aubergines, ces dernières jouant le rôle principal dans des plats de l'héritage arabe tels que les ineffables aubergines farcies. On voit aussi abonder les fruits tels que les abricots, les pêches-abricots, les prunes, les oranges, les citrons, les mandarines, les melons et les pastèques ou les si particuliers jujubes, c'est-à-dire toute une production colorée qui inonde les marchés hebdomadaires des villages de Majorque.

16 Tomates sèches 17 Choux
18 *Gínjols* (jujubes)

01

01_Pot-au-feu
02_*Sopes* majorquines
03_*Escudella* fraîche
04_Pain à l'huile
05_Chou-fleur sauté
06_*Tombet*
07_Aubergines farcies
08_*Trempó*
09_Fève pelée
10_*Granada* d'aubergines
11_*Arròs brut*
12_ Marmite d'escargots

Recettes pour quatre personnes

Premiers plats

bullit
pot-au-feu

* 250 g de viande de bucef pour pot-au-feu * 250 g de viande hachée (porc et veau à parts égales) * 1/4 de poulet ou de poule * 1 *botifarró* (sorte de boudin) * 50 g de *sobrassada* * 1/4 de chou * 1/2 kg de pommes de terre * 250 g de haricots verts * 2 carottes de taille moyenne * 2 oignons de taille moyenne * 1 gros navet * 1 poireau * 2 tomates en branche ou 1 tomate mûre de taille moyenne * 1 feuille de laurier * 1 branche de marjolaine fraîche * huile d'olive * sel * 75 g de pignons

1. En premier lieu, écraser les pignons dans un mortier et les mélanger avec la viande hachée et la *sobrassada*. Former ensuite avec le mélange une grande boulette de forme allongée. Laver la viande de bœuf et la mettre dans une grande marmite, la couvrir généreusement avec de l'eau et cuire pendant environ 30 minutes à partir du premier bouillon.
2. Une fois ce temps écoulé, ajouter le poulet et la boulette de viande hachée, et prolonger la cuisson pendant environ 30 minutes. Pendant que la viande cuit, éplucher et laver le navet, les pommes de terre et les carottes. Éplucher les oignons et les couper en quatre. Ébouillanter les tomates, les laisser refroidir puis les peler, les couper en quatre.
3. Couper tous les légumes en morceaux et les ajouter dans la marmite avec la viande bouillie. Assaisonner avec du sel, une feuille de laurier et la branche de marjolaine fraîche. Prolonger la cuisson environ 15 à 20 minutes. Vérifier l'état de cuisson des légumes avant de retirer la marmite du feu. Arroser le pot-au-feu avec un filet d'huile et servir.

Ce pot-au-feu se prépare de différentes manières en fonction de la saison de l'année. En été, on utilise des haricots verts ou des haricots secs. Ce pot-au-feu a été pendant des générations un repas de base ; il correspond au plat que l'on connaît en Catalogne sous le nom d'*escudella i carn d'olla.*

sopes seques
sopes majorquines

* 200 g de *sopes* (toutes petites tranches de pain noir sec qui sont vendues déjà coupées dans les boulangeries de l'île) * 200 g de viande maigre de porc coupée en morceaux (en option) * 100 g de *camaiot* ou de *botifarró* (en option) * 1/2 chou * 1/4 de chou-fleur * 2 tomates en branche ou une tomate mûre de taille moyenne * 2 oignons tendres * 2 gousses d'ail * persil * 1,5 dl d'huile d'olive * 2 cuillérées à soupe de paprika doux * sel

1. Retirer le tronc dur du chou et couper le reste en julienne. Séparer le chou-fleur en petits bouquets. Éplucher et hacher l'oignon. Ébouillanter les tomates et les broyer. Écraser les gousses d'ail.
2. Mettre l'huile à chauffer dans une *greixonera*, c'est-à-dire une marmite en terre cuite, et y frire l'ail jusqu'à ce qu'il soit presque brûlé. Le retirer et, dans la même huile, dorer les morceaux de viande avec sel et poivre. Quand ils sont dorés, les retirer avec une écumoire et les réserver. Dans la même huile, préparer une friture d'oignon et de tomate (*sofregit*): frire l'oignon pendant environ 10 minutes avec une pincée de sel, à feu lent, et incorporer ensuite la pulpe de tomate broyée et le paprika, en rectifiant l'assaisonnement si nécessaire.
3. Ajouter le chou et les morceaux de viande, et couvrir l'ensemble avec de l'eau. Vérifier l'assaisonnement et, au premier bouillon, compter 20 minutes de cuisson. Ajouter alors les bouquets de chou-fleur, et cuire l'ensemble pendant encore 10 minutes.
4. Disposer les *sopes* à la surface de la casserole. Retirer la marmite du feu, et laisser reposer le ragoût jusqu'à ce que le pain soit complètement imbibé de bouillon, puis servir.

Il existe de multiples variantes de cette recette. L'utilisation de viande est une option, mais les tranches de pain noir constituent un ingrédient indispensable. Pour le reste, on utilise les légumes de saison, comme les artichauts, les épinards, les bettes, les poireaux, les petits pois, etc.

escudella fresca

escudella fraîche

* 1/2 kg de haricots blancs précoces * 150 g de haricots verts * 1/2 chou blanc * 2 pommes de terre de taille moyenne * 3 carottes de taille moyenne * 1 courgette de taille moyenne * 1 gros oignon * 1 cuillérée à soupe d'huile d'olive * 1 cc de paprika doux * poivre noir récemment moulu * sel

1. Avant toute chose, ouvrir et égrener les haricots blancs. Ensuite, éplucher et couper l'oignon en julienne, laver les haricots verts, les carottes et la courgette. Couper le chou en quatre, lui retirer le tronc central et le couper en fine julienne, puis le laver et le laisser s'égoutter dans une passoire. Retirer les extrémités ainsi que les fils des haricots verts, et les couper en morceaux.
2. Couper les extrémités des carottes, et les éplucher. Les couper en morceaux ou bien en rondelles de 1,5 cm d'épaisseur. Laver et éplucher les pommes de terre, et les couper en dés de 1 cm. Enfin, retirer les extrémités de la courgette et la couper en morceaux. Dans une marmite, mettre les carottes, les haricots blancs et l'oignon, couvrir l'ensemble avec beaucoup d'eau et mettre une pincée de sel. Faire cuire pendant environ 15 minutes.
3. Ajouter, dans cet ordre et à intervalle de 5 minutes, le chou, les haricots, les pommes de terre et la courgette. Rectifier l'assaisonnement.
4. Ajouter le paprika doux et le poivre noir en fonction du goût, bien remuer avec une cuillère de bois et laisser cuire pendant 5 minutes de plus. Ensuite, éteindre le feu et arroser ce pot-au-feu avec l'huile d'olive sans hésiter. Remuer à nouveau juste avant de servir.

On prépare en général cette *escudella* en été, vers la fin de la saison des haricots blancs précoces, ou en automne. Le reste de l'année, on la prépare en remplaçant les légumes d'été par des légumes d'hiver, comme le chou. Le mot *escudella* désignait autrefois le récipient dans lequel on préparait ce pot-au-feu.

pa amb oli
pain à l'huile

8 tranches de pain noir rond
4 tomates en branche ou 2 tomates mûres de taille moyenne
2 dl d'huile d'olive vierge
100 g d'olives majorquines
fonoll marí (fenouil marin) au vinaigre
4 cuillérées à soupe de câpres
sel

1. Couper les tranches de pain. Couper les tomates par la moitié et frotter avec elles l'un des deux côtés de chaque tranche. Assaisonner avec le sel et arroser avec l'huile d'olive vierge.
2. Accompagner avec les conserves typiques de l'île : fenouil marin au vinaigre, olives majorquines et câpres, boutons de fleur ou fruits, au vinaigre.

C'est le plat le plus simple et en même temps le plus connu de l'île. En principe, le *pa amb oli* est seulement du pain à l'huile et au sel, différent du *pa amb oli i tomàtiga* (pain à l'huile et à la tomate). La tomate que l'on utilise dans les bars et les restaurants majorquins est la tomate en branche. Ce plat est servi accompagné de conserves au vinaigre et de charcuteries locales.

colflori ofegada
chou-fleur sauté

*1 chou-fleur * 200 g de lard frais * 50 g de *sobrassada* * 1 *botifarró* * 1 gros oignon * 2 tomates en branche ou 1 tomate mûre de taille moyenne * 25 g de raisins secs * 25 g de pignons * 4 gousses d'ail * 1 feuille de laurier * huile d'olive ou graisse de porc * 1 cuillérée à soupe rase de paprika * poivre noir moulu * sel

1. Ébouillanter les tomates, les laisser refroidir puis les peler, en retirer les graines et bien les broyer jusqu'à en faire une purée. Éplucher l'oignon et le couper très finement. Séparer le chou-fleur en petits bouquets, les laver et les laisser s'égoutter dans une passoire.
2. Laver le lard et le couper en petits morceaux. Dans une marmite, chauffer 2 cuillérées à soupe rases d'huile ou de graisse. Lorsque c'est chaud, faire sauter les morceaux de lard frais, le *botifarró* et la *sobrassada*, en remuant bien jusqu'à ce qu'ils dorent. Ajouter ensuite l'oignon coupé, la tomate, les gousses d'ail et la feuille de laurier.
3. Lorsque l'ensemble est bien confit, ajouter une tasse d'eau, baisser le feu, couvrir la marmite et laisser cuire pendant environ 15 minutes, en remuant la marmite de temps en temps et de droite à gauche, au lieu de remuer les ingrédients avec une cuillère.
4. En dernier lieu, ajouter le chou-fleur, les raisins secs, les pignons et le paprika. Couvrir et laisser cuire à feu moyen pendant environ 20 minutes, en remuant la marmite de temps en temps. Avant de retirer du feu, vérifier l'assaisonnement et servir.

À Majorque, on utilise beaucoup cette méthode de cuisson à la marmite en la remuant de droite à gauche et de temps en temps. On appelle d'ailleurs ce mouvement *sacsejar* — mouvement tout à fait semblable à celui des Basques lorsqu'ils préparent la morue au *pil-pil*.

tombet
tombet

* 1/2 kg de pommes de terre * 1 courgette de taille moyenne * 2 poivrons rouges de taille moyenne * 2 aubergines de taille moyenne * 1/2 kg de tomates mûres * 2 gousses d'ail * sel * poivre noir moulu * huile d'olive

1. Laver et sécher les pommes de terre et les autres légumes. Éplucher les pommes de terre et les couper en rondelles ou en cubes. Couper l'aubergine et la courgette en rondelles d'une épaisseur moyenne, sans leur retirer la peau. Ébouillanter les tomates et les laisser refroidir avant de les peler et de bien les broyer.
2. Couper les poivrons par la moitié dans le sens de la longueur, leur retirer la queue et les graines, et les couper en petits carrés. Dans une poêle, faire chauffer un filet d'huile et y faire frire les pommes de terre jusqu'à ce qu'elles soient bien dorées. Ensuite, les retirer avec une écumoire et les laisser égoutter sur une assiette recouverte de plusieurs couches de papier absorbant.
3. Faire frire chaque légume de la même manière et séparément pendant environ 10 minutes, en les laissant égoutter sur des assiettes recouvertes de plusieurs couches de papier absorbant. Dans la même poêle, préparer une sauce avec les tomates et les gousses d'ail écrasées, le sel et le poivre en fonction du goût. Laisser cuire pendant environ 30 minutes à feu doux, en vérifiant l'acidité de la tomate et en ajoutant, si nécessaire, une pincée de sucre.
4. Remplir le fond d'une casserole/marmite en terre cuite, ou *greixonera*, avec les pommes de terre. Ajouter ensuite — dans cet ordre — les aubergines, les courgettes, les poivrons et, enfin, couvrir l'ensemble avec la sauce tomate.

Cette recette fait partie d'un grand nombre qui permettent de faire un excellent *tombet*, que l'on déguste comme entrée ou bien comme garniture avec les plats de viande ou de poisson. La même recette peut aussi être réalisée — complétée avec des œufs cuits ou brouillés, et en passant le plat quelques instants au four — avec du poisson ou de la viande, de lapin par exemple.

alberginies farcides
aubergines farcies

* 8 petites aubergines * 250 g de viande hachée (la moitié de porc et l'autre moitié de veau) * 50 g de *sobrassada* * 4 tomates mûres de taille moyenne * 1 gros oignon * 2 gousses d'ail * 3 branches de persil * 1 branche de marjolaine * 1 branche de thym * 100 g de chapelure * 2 œufs * 2 dl d'huile d'olive * poivre noir moulu * sel

1. Mettre de l'eau à bouillir dans une marmite. Retirer le pédoncule des aubergines et les couper par la moitié dans le sens de la longueur. Les ébouillanter dans l'eau bouillante, les retirer avec une spatule et les laisser égoutter dans une passoire. Quand elles ont un peu refroidi, leur retirer la pulpe, en laissant au moins un demi centimètre d'épaisseur autour de la peau. Bien écraser la pulpe et réserver.
2. Ébouillanter les tomates et, lorsqu'elles refroidissent, les peler et les broyer. Éplucher et hacher les gousses d'ail. Éplucher et râper l'oignon. Laver les herbes, effeuiller la marjolaine et hacher le persil.
3. Faire chauffer la moitié de l'huile dans une poêle, et y faire sauter la viande avec la marjolaine, le persil, le sel et le poivre noir. Ajouter immédiatement la pulpe d'aubergine et la *sobrassada*, en remuant pour que les saveurs se mêlent bien. Quand tout est prêt, retirer du feu et égoutter la farce dans un chinois.
4. Ajouter alors l'oignon et l'ail à la viande, bien mélanger l'ensemble puis farcir les aubergines. Ensuite, les mettre dans un plat à four et les saupoudrer de chapelure. Faire chauffer le four à 160 °C, arroser les aubergines avec un filet d'huile d'olive et les faire rôtir dans le bas du four.
5. Faire chauffer le reste de l'huile dans une poêle et préparer une sauce avec la tomate, le thym, le sel et le poivre noir. Faire cuire à feu lent pendant environ 30 minutes. Retirer ensuite la branche de thym et verser la sauce sur les aubergines avant de servir.

Dans certaines maisons, les aubergines farcies sont servies sans sauce tomate. Dans d'autres, on met la sauce dans une casserole en terre, on dispose ensuite par-dessus les aubergines et on passe l'ensemble une dernière fois au four. La recette européenne la plus ancienne des aubergines farcies apparaît dans le *Llibre del Sent Soví*, qui date du XIVe siècle.

trempó
trempó

3 ou 4 tomates à salade de taille moyenne
1/2 oignon
1 petit oignon frais
2 poivrons verts allongés
1 dl d'huile d'olive
2 cuillérées à soupe de vinaigre de vin (en option)
sel

1. Si l'on souhaite éplucher les tomates, il faut les ébouillanter au préalable pendant quelques secondes dans de l'eau portée à ébullition. Quand elles refroidissent, les peler puis les couper en petits morceaux. Ensuite, laver les poivrons, leur ôter le pédoncule, le cœur et les graines, et les couper en petits cubes. Éplucher l'oignon et le petit oignon frais.
2. Couper l'oignon en fines rondelles, puis hacher très finement l'oignon frais. Dans un saladier, mélanger tous les légumes et les assaisonner avec le sel fin, en remuant afin de mêler les saveurs.
3. Si on le souhaite, on peut arroser la salade avec le vinaigre. Ajouter ensuite l'huile et remuer à nouveau. Le *trempó* se sert accompagné d'olives fendues, de câpres ou de *fonoll marí* (fenouil marin) au vinaigre, et de rondelles de pain noir.

Le *trempó* est une salade d'été dont la recette est extrêmement simple. Dans certaines maisons, on remplace le petit oignon frais par une petite gousse d'ail bien écrasée, dans d'autres on lui ajoute de la pomme ou de l'abricot, etc. L'important, c'est que les légumes baignent bien dans l'huile, afin de mieux en profiter avec le pain.

fava parada

fève pelée

* 200 g de fèves sèches * 250 g de travers de porc en morceaux * 150 g de lard frais * 150 g d'oreille et de museau de porc * 1 *botifarró* * 2 oignons * 3 tomates en branche ou 2 tomates mûres de taille moyenne * 200 g de vermicelle * 1 os salé * sel * huile d'olive

1. La veille, faire tremper les fèves dans de l'eau à température ambiante. Laver les morceaux de viande ainsi que l'os, et les faire cuire en les couvrant d'eau dans une marmite profonde, jusqu'à ce qu'ils soient bien tendres et bien cuits (environ 1 heure).
2. Le jour suivant, éplucher les oignons et les hacher. Ébouillanter les tomates pendant quelques secondes, les laisser refroidir, les peler, en retirer les graines et les hacher.
3. Mettre les oignons et la pulpe hachée des tomates dans une marmite avec les fèves pelées. Couvrir l'ensemble avec le bouillon de cuisson des viandes filtré et froid. Faire cuire le ragoût jusqu'à ce que les fèves commencent à se défaire.
4. Ensuite, ajouter les morceaux de viande ainsi que le *botifarró* coupé en rondelles. Si le ragoût a trop épaissi, ajouter davantage de bouillon de viande et corriger l'assaisonnement. Quand cela commence à bouillir, incorporer le vermicelle et un bon filet d'huile d'olive sans hésiter.
5. Prolonger la cuisson, sans cesser de remuer avec une cuillère de bois, jusqu'à ce que le vermicelle soit cuit. Vérifier l'assaisonnement, et corriger si nécessaire. Bien remuer avant de retirer du feu, et servir.

Ce plat de fèves ne doit pas être trop épais. Les fèves sèches constituent une très ancienne ressource de subsistance dans l'alimentation méditerranéenne, et ce potage constituait une recette de base pour les paysans de la Majorque rurale antique, surtout pendant les mois d'hiver.

granada d'alberginies

granada d'aubergines

* 600 g d'aubergines * 125 g de viande hachée de veau et de boeuf mélangés (optionnel) * 5 œufs * 1 grand oignon * 0,5 dl de lait * 100 g de piment rouge * 0,5 dl d'huile d'olive * beurre pour beurrer le moule * poivre noir fraîchement moulue * sel

1. Allumer et préchauffer le four à 175 °C. Graisser un moule de 1 litre de capacité, en frottant la partie intérieure avec un papier absorbant imprégné de beurre. Laver, sécher et couper les poivrons par la moitié, retirer les graines et les couper en petits carrés. Sans les peler, couper les aubergines en dés et les laisser tremper dans une terrine avec de l'eau et du sel pendant environ 15 minutes.
2. Faire chauffer l'huile dans une marmite et faire sauter l'oignon pendant 3 minutes avec une pincée de sel. Ajouter le poivron et faire sauter 10 minutes de plus à feu vif. Incorporer la viande, bien remuer et faire revenir le tout pendant 3 minutes.
3. Laver et égoutter l'aubergine, l'ajouter au ragoût, saler et poivrer puis faire cuire pendant 10 minutes à feu vif. Battre les œufs avec le lait, éteindre le feu et ajouter le mélange aux légumes et à la viande.
4. Rectifier le sel et le poivre, en en ajoutant si nécessaire. Verser le mélange dans le moule et faire cuire dans la partie intermédiaire du four entre 35 et 40 minutes. Pour vérifier la cuisson, il suffit de piquer dans le centre avec la pointe d'un couteau qui doit ressortir propre. Laisser refroidir légèrement et démouler.

On sert cette recette avec des lanières de poivron rouge doré et de la sauce tomate assaisonnée avec du laurier, du sel et du poivre noir. La recette traditionnelle est préparée sans viande. Il s'agit d'un plat de fête, d'origine médiévale avec de nettes réminiscences arabes. On peut le servir chaud ou à température ambiante.

arròs brut
arròs brut

* 4 tasses à café de riz * 1 petite seiche * 1/4 de poulet en morceaux * 200 g de viande maigre de porc en morceaux * 200 g de travers de porc en morceaux * 200 g de lapin en morceaux * 1 foie de lapin * 50 g de *sobrassada* * 100 g de girolles (en option) * 100 g de haricots verts * 100 g de petits pois * 2 artichauts * 1 poivron rouge * 3 tomates de taille moyenne * 1 oignon de taille moyenne * 2 gousses d'ail * 2 branches de persil * 1 dl d'huile et un peu de graisse de porc (en option) * poivre noir moulu * safran * sel

1. Éplucher et hacher l'oignon et les gousses d'ail. Nettoyer les champignons et bien laver tous les légumes. Retirer le pédoncule ainsi que le fil des haricots. Couper en morceaux les haricots verts et les poivrons. Éplucher et couper les artichauts. Ébouillanter les tomates, les laisser refroidir légèrement puis les peler et les broyer. Laver les viandes. Nettoyer la seiche et la couper en morceaux. Dans une marmite, faire chauffer 10 tasses à café d'eau ou de bouillon.
2. Dans une grande poêle, faire chauffer 1 dl huile d'olive et faire frire les viandes avec sel et poivre, jusqu'à ce qu'elles soient bien dorées. Ajouter ensuite l'oignon et la seiche, bien remuer et ajouter la tomate broyée avec une pincée de poivre. Prolonger la cuisson pendant environ 10 minutes.
3. Ajouter ensuite les légumes, saler, bien remuer et couvrir d'eau. Immédiatement après, ajouter le riz et laisser cuire pendant environ 20 minutes. Pendant ce temps, piler dans un mortier l'ail avec une pincée de safran, les feuilles de persil lavées, le foie en morceaux et la *sobrassada*, délayer le mélange avec un peu d'eau chaude, l'ajouter au riz et terminer la cuisson.

C'est une autre recette dans laquelle on utilise les ingrédients dont on dispose. Le plus habituel consiste à la faire avec de la viande et de la charcuterie, mais selon les endroits on lui ajoute de la seiche ou des girolles — que l'on appelle *picornells* en catalan — si c'est l'époque. À l'époque de la chasse, il est habituel d'utiliser des palombes ou des grives. L'*arròs brut* de lapin est aussi très apprécié.

caragols cuinats
marmite d'escargots

* 4 douzaines d'escargots purgés * 50 g de *sobrassada* * 100 g de *camaiot* * 50 g de lard maigre * 2 oignons * 4 gousses d'ail * 4 tomates mûres * 2 branches de persil frais * 2 branches de menthe fraîche * 2 branches de marjolaine fraîche * 1 branche de perce-muraille (ou espargoule) sec ou de Santa María sèche * 1 branche de menthe sèche ou un morceau de peau d'orange * 1 branche de fenouil sec * 1 dl de lait * 1 dl d'huile d'olive * 1 piment * sel

1. Bien laver les escargots. Les mettre dans une marmite avec de l'eau froide, faire chauffer à feu moyen et, à partir du premier bouillon, compter 5 minutes de cuisson. Ensuite, égoutter les escargots et jeter cette eau de cuisson. Faire chauffer de l'eau avec du sel dans une marmite, ajouter les branches de chacune des herbes fraîches lavées ainsi que les herbes sèches.
2. Éplucher deux gousses d'ail et un oignon. Laver deux tomates, les couper par la moitié et les ajouter dans la marmite. Ajouter ensuite les escargots et les faire cuire pendant environ deux heures. Pendant ce temps, ébouillanter le reste des tomates, et lorsqu'elles refroidissent, les peler et les broyer. Éplucher et hacher l'autre oignon et le reste des gousses d'ail.
3. Faire chauffer l'huile dans une poêle et préparer une friture avec l'oignon, l'ail et les tomates broyées. Ajouter les morceaux de viande et le piment. Lorsque les escargots sont cuits, les égoutter et réserver un verre du bouillon. Ajouter les escargots à la préparation, ensuite le lait et le bouillon de cuisson. Faire cuire pendant environ 10 minutes de plus.

Pendant la Fira de Sóller, on sert des escargots qui jouissent d'une grande réputation. Pour les manger, on oubliera l'étiquette et on n'hésitera pas à se lécher littéralement les doigts. Encore de nos jours, il est habituel à Majorque de sortir ramasser les escargots après la pluie.

02

01_Casserole d'anguilles

02_Calmars farcis

03_Seiche à l'oignon

04_Coryphène aux poivrons rouges

05_Poisson au four

06_Rougets à la tomate

07_Raie en escabèche

08_Ragoût de poisson

09_Pâté de foie de porc

10_*Frit de matances*

11_Cochon de lait grillé

12_Échine au chou

13_Lapin à l'oignon

14_Vermicelle de vendange

15_Perdrix en ragoût

16_*Escaldums* de poulet

Recettes pour 4 personnes

Recettes de viandes et de poissons

greixonera d'anguiles
casserole d'anguilles

* 1 kg d'anguilles coupées en morceaux * 2 tomates en branche ou 1 tomate mûre de taille moyenne * 3 gousses d'ail * 2 petits oignons frais ou poireaux * 4 petites pommes de terre * 1 œuf * 3 ou 4 artichauts * 150 g de petits pois (en option) * 4 amandes * 6 branches de persil * sel * poivre noir moulu * paprika

1. Bien laver les morceaux d'anguille. Éplucher les gousses d'ail ainsi que les petits oignons frais et les hacher séparément. Ébouillanter les tomates, les laisser refroidir et les peler, leur retirer les graines et les hacher finement. Laver et sécher le persil, l'effeuiller et le hacher très finement. Faire cuire l'œuf, le laisser refroidir et lui ôter la coquille. Éplucher les pommes de terre et les couper en rondelles.
2. Mettre les morceaux d'anguille dans une terrine et les assaisonner avec 1/3 de l'ail haché, une pincée de persil, du poivre noir et du paprika selon le goût, ainsi qu'un filet d'huile. Bien remuer avec la main et laisser macérer les morceaux d'anguille pendant au moins 20 minutes.
3. Faire chauffer 2 ou 3 cuillérées à soupe d'huile dans une *greixonera*, c'est-à-dire une marmite en terre cuite, et préparer une friture avec l'oignon et la tomate hachés, la moitié de l'ail et le reste du persil. Lorsque tout est bien confit, ajouter les pommes de terre. Bien remuer et couvrir d'eau, ajouter une pincée de sel et faire cuire pendant environ 10 minutes. Pendant ce temps, éplucher les artichauts et les couper en morceaux.
4. Au premier bouillon, ajouter dans la marmite les morceaux d'anguille avec leur marinade, les artichauts, les petits pois et le laurier. Bien remuer et prolonger la cuisson pendant environ 10 minutes.
5. Piler ensemble le jaune d'œuf, les amandes et le reste de l'ail. Vérifier la cuisson des artichauts en les piquant avec la pointe d'un couteau et, s'ils sont tendres, leur ajouter la préparation de jaune d'œuf, d'amandes et d'ail en la délayant avec un peu de bouillon. Remuer, vérifier l'assaisonnement et servir.

Ce plat est typique de la commune de Sa Pobla, seule partie de l'île dans laquelle on trouve des anguilles. Comme toujours, la recette varie de maison en maison et en fonction des légumes disponibles selon la saison.

calamars farcits

calmars farcis

* 1 kg de calmars * 250 g de viande hachée (moitié veau, moitié porc) * 4 tomates mûres de taille moyenne * 1 gros oignon * 2 œufs * 3 gousses d'ail * 3 branches de persil * 1 branche de marjolaine * 2 dl de vin blanc * 6 cuillérées à soupe d'huile d'olive * farine * poivre noir moulu * sel

1. Nettoyer les calmars et les vider en leur laissant la peau. Hacher les tentacules et les ailettes. Ébouillanter les tomates, les laisser refroidir puis les peler et les hacher finement. Éplucher les gousses d'ail et les hacher. Laver et sécher les herbes. Effeuiller le persil et le hacher. Éplucher et hacher l'oignon très finement.
2. Faire cuire un œuf pendant environ 8 minutes, le laisser refroidir, lui ôter la coquille et le hacher finement. Ensuite, faire chauffer deux cuillérées à soupe d'huile d'olive dans une poêle et, lorsque l'huile est chaude, faire cuire l'oignon pendant environ 10 minutes à feu doux, avec une pincée de sel. Retirer du feu et réserver.
3. Mélanger les tentacules et les ailettes de calmar hachés avec la viande hachée puis ajouter l'oignon cuit, le persil, l'ail, l'œuf haché, une pincée de marjolaine et une autre de sel. Battre l'autre œuf, l'ajouter au mélange et bien remuer le tout. Avec cette pâte, remplir les calmars et les fermer avec un cure-dent en bois.
4. Fariner les calmars. Ajouter le reste d'huile dans la poêle et les frire pendant environ 15 minutes à feu doux, jusqu'à ce qu'ils soient dorés sur tous les côtés. Les retirer avec une spatule et les mettre dans une marmite en terre cuite.
5. Dans l'huile de friture des calmars, préparer une sauce en faisant cuire pendant environ 30 minutes à feu doux la pulpe de tomate avec une gousse d'ail, le reste de la marjolaine, une pincée de sel et, si les tomates sont acides, une pincée de sucre.
6. Verser la sauce sur les calmars. Mettre la casserole en terre cuite au feu, ajouter 1 dl d'eau ainsi que le vin, et terminer la cuisson en la prolongeant pendant 15 minutes à feu doux.

Ce plat est servi habituellement avec une garniture de pommes de terre frites coupées en morceaux. C'est un bon exemple de la cuisine de « mer et montagne », qui combine le poisson avec la viande. Dans les livres de recette datant du Moyen Âge apparaissent des plats similaires élaborés avec des poulpes et des seiches.

sípia amb ceba
seiche à l'oignon

* 1 kg de seiche * 2 kg d'oignon * 2 tomates en branche ou 1 tomate mûre de taille moyenne * 2 cuillérées à soupe de pignons * 2 gousses d'ail * 4 cuillérées à soupe de raisins secs * 50 ml d'huile d'olive * 1 feuille de laurier * 1 cuillérée à soupe rase de paprika doux * 0,75 dl de brandy * poivre noir récemment moulu * sel

1. Nettoyer les seiches, leur retirer la peau, les viscères et le cartilage calcaire situé à l'intérieur. Retirer les yeux et réserver les tentacules. Couper les têtes en dés de 3 à 4 cm. Hacher les tentacules. Laver et sécher les raisins secs.
2. Éplucher et couper les oignons en julienne très fine. Ébouillanter les tomates pendant quelques secondes dans de l'eau bouillante, et les laisser refroidir avant de les peler et de les hacher. Éplucher et hacher l'ail.
3. Verser la moitié de l'huile dans une casserole en terre cuite et faire chauffer. Ajouter la seiche, l'ail et le laurier, couvrir et faire cuire l'ensemble à feu très doux pendant environ 15 minutes.
4. Ajouter l'huile restante avec la tomate, faire cuire 2 minutes de plus et ajouter le paprika ainsi que l'oignon coupé en julienne. Remuer et prolonger la cuisson pendant environ 5 minutes.
5. Ajouter le brandy, les raisins secs et les pignons. Rectifier l'assaisonnement et faire cuire pendant environ 25 minutes. Servir tiède.

Cette recette de la gastronomie majorquine comporte des pignons qui ne sont pas dorés, comme dans le cas des amandes, avant d'être incorporés aux ragoûts. En général, les ragoûts de seiche ont besoin d'une cuisson lente, afin d'attendrir leur texture et de permettre l'incorporation de la saveur des autres ingrédients.

llampuga amb pebres vermells

coryphène aux poivrons rouges

* 1 kg de coryphène coupée en grosses rondelles * 3 poivrons rouges * 2 tomates mûres * 4 gousses d'ail * 2 oignons * 2 feuilles de laurier * 1 dl de vin blanc * farine * huile d'olive * poivre noir moulu * sel

1. Éplucher et hacher l'oignon. Ébouillanter les tomates dans de l'eau bouillante et, lorsqu'elles ont un peu refroidi, les peler et les hacher. Écraser deux gousses d'ail et réserver le reste. Retirer le pédoncule des poivrons ainsi que les graines, et les couper en morceaux. Éplucher et hacher l'oignon.
2. Préparer une sauce tomate: faire chauffer quatre cuillérées à soupe d'huile d'olive, et quand celle-ci est chaude faire sauter l'oignon avec une pincée de sel pendant environ 10 minutes, en remuant de temps en temps. Ajouter l'ail haché, le laurier et la pulpe de tomate elle aussi hachée. Assaisonner avec le sel et le poivre et, si la tomate est très acide, ajouter une pincée de sucre. Laisser cuire à feu doux pendant environ 20 minutes.
3. Dans une casserole en terre cuite, faire chauffer l'huile, écraser le reste des gousses d'ail et les faire dorer. Les retirer rapidement avec une écumoire. Dans la même huile, faire sauter les poivrons jusqu'à ce qu'ils soient légèrement dorés, les retirer de l'huile et les réserver.
4. Fariner les tronçons de poisson, puis retirer l'excès de farine en les tapant légèrement. Ensuite, les faire frire dans l'huile. Pour servir, mettre la sauce dans une marmite en terre cuite, puis les tronçons de daurade et, en dernier lieu, les poivrons frits sur le dessus.

La coryphène est un des poissons parmi les plus appréciés de l'île. En français, on l'appelle daurade ou dorade, ou encore dorade coryphène, et elle peut atteindre 40 kg dans les mers tropicales. Elle a une jolie couleur vert bleuté et une bande jaune caractéristique sur les flancs.

peix al forn
poisson au four

* 1,5 kg de denti, de pageot, de daurade, de mérou ou de tout autre grand poisson nettoyé * 6 pommes de terre de taille moyenne * 1 botte d'épinards * 1 botte de bettes * 2 grosses tomates mûres * 4 gousses d'ail * 1 botte de petits oignons frais * 2 cuillérées à soupe de pignons * 50 g de raisins secs * 1 citron * 4 cuillérées à soupe de chapelure * 1 dl d'huile d'olive * 1 cuillérée à soupe rase de paprika * poivre noir moulu * sel

1. Laver le poisson à l'intérieur et à l'extérieur, saler, poivrer et saupoudrer avec le paprika. Préparer un jus avec le citron, et arroser le poisson. Laisser mariner quelques minutes. Éplucher et couper les pommes de terre en rondelles d'une épaisseur moyenne et les disposer sur le fond d'un plat à four.
2. Retirer la base des bottes d'épinards et de bettes, les laver et les égoutter avant de les hacher séparément. Ébouillanter les tomates pendant quelques secondes, les peler et les hacher. Éplucher les gousses d'ail, en retirer le germe et les couper en morceaux.
3. Allumer le four à 160 °C. Dans un mortier, piler les tomates avec les gousses d'ail, ajouter le sel et l'huile d'olive, en mélangeant bien le tout. Mettre le poisson sur les pommes de terre et l'arroser avec la tomate. Passer au four pendant environ 15 minutes.
4. Éplucher et écraser finement les petits oignons frais et les mélanger avec le reste de légumes, le persil, les raisins secs et les pignons. Saler et poivrer, ajouter une pincée de paprika et un bon filet d'huile d'olive, bien mélanger le tout et couvrir le poisson avec ce mélange. Enfin, saupoudrer avec la chapelure.
5. Couvrir la plaque du four avec une feuille de papier d'aluminium, et prolonger la cuisson pendant environ 20 minutes. Une fois ce temps passé, retirer le papier et laisser cuire 10 minutes de plus, afin de faire dorer les légumes.

Dans la cuisine majorquine traditionnelle, on utilise souvent les *galètes d'Inca* croustillantes écrasées qui sont élaborées avec de la pâte à pain et de l'huile. Cela ressemble à de la chapelure.

molls amb tomàtiga
rougets à la tomate

* 4 gros rougets * 8 tomates en branche ou 4 tomates mûres de taille moyenne * 1 botte de petits oignons frais * 1 dl d'huile d'olive * 6 branches de persil * 1 gousse d'ail * poivre noir récemment moulu * sel

1. Bien nettoyer les poissons, et les écailler. Leur faire une ouverture sous la tête pour leur retirer les tripes et le foie. Les laver, les sécher et les assaisonner, de sel et de poivre, à l'intérieur et à l'extérieur. Retirer la première couche ainsi que les feuilles les plus sombres des petits oignons frais, et les couper jusqu'à la moitié de la tige en fines rondelles. Éplucher et écraser la gousse d'ail. Laver, sécher et hacher le persil.
2. Laver et sécher les tomates. Faire chauffer une poêle anti-adhérente et les faire griller sans huile, en les retournant avec une pince afin de les dorer de tous les côtés. Les disposer dans une assiette creuse et les recouvrir avec une autre assiette, pour les laisser refroidir à température ambiante. Une fois grillées, les peler, les hacher et les assaisonner, de sel et de poivre. Les disposer sur un plat de service.
3. Saupoudrer l'oignon frais sur la tomate. Faire chauffer un filet d'huile dans la poêle et dorer les rougets environ 2 minutes de chaque côté. Les disposer sur le lit de tomate et d'oignon.
4. Saupoudrer avec l'ail et le persil hachés, et arroser rapidement avec le reste de l'huile.

Ce plat peut être servi froid ou chaud. Il y a des recettes tout à fait similaires en Provence, en Corse, en Grèce, en Turquie et en Italie. Dernièrement, les grands chefs utilisent beaucoup le rouget dans leurs recettes les plus innovatrices car c'est un poisson qui peut s'appliquer à différentes recettes, et qui est nutritif et souvent bon marché.

escabetx de rajada
raie en escabèche

* 1 kg de raie pelée et coupée en morceaux * 2 carottes de taille moyenne * 100 g de chou-fleur * 1 gros oignon * 2 artichauts * 1 tête d'ail * 2 feuilles de laurier * 1 dl de vinaigre * 1 dl de vin blanc * 1 dl d'huile d'olive * 1 cuillérée à soupe rase de paprika doux * 1 cuillérée à soupe rase de poivre noir moulu * sel

1. Éplucher les carottes et l'oignon, et les couper en fines rondelles. Ensuite, retirer les feuilles dures des artichauts jusqu'à parvenir aux plus tendres, leur retirer les pointes et les couper en quartiers ou en fines rondelles.
2. Séparer le chou-fleur en petits bouquets, bien les laver et les laisser égoutter dans une passoire.
3. Faire chauffer l'huile dans une poêle. Saler et poivrer puis fariner le poisson et le faire frire dans l'huile chaude sans qu'il change de couleur. Le retirer avec une spatule et le déposer dans une marmite en terre cuite.
4. Dans la même huile, dorer les gousses d'ail, baisser le feu et ajouter les oignons. Après 10 minutes, ajouter les carottes, saler et poivrer, arroser avec le vinaigre, le vin et ajouter 1 dl d'eau. Ajouter ensuite le chou-fleur et le laurier, et prolonger la cuisson pendant 15 minutes.
5. Retirer du feu, laisser refroidir la marinade et la verser sur le poisson. Couvrir et laisser reposer d'un jour à l'autre avant de consommer le ragoût.

Cette recette peut être préparée avec différents poissons autochtones très appréciés, comme le *gató* (petite roussette) et la *mussola* (roussette), qui sont des petits requins malheureusement de plus en plus rares en Méditerranée.

aguiat de peix
ragoût de poisson

* 6 morceaux de baudroie * 800 g de *patatons* (très petites pommes de terre typiques des Baléares) * 200 g de petits pois frais ou congelés * 1 botte de petits oignons frais * 6 tomates en branche ou 3 tomates mûres de taille moyenne * 1 cuillérée à soupe rase de paprika doux * 1 dl de vin blanc * 1 morceau de zeste de citron * 4 cuillérées à soupe d'huile d'olive vierge * 1 feuille de laurier * 1 branche de marjolaine fraîche * poivre noir moulu * 25 g de *sobrassada* * 1 cuillérée à soupe de pignons pelés * 2 gousses d'ail * 4 olives vertes majorquines (en option) * 3 branches de persil * sel

1. Éplucher les petits oignons frais, leur retirer les feuilles les plus sombres et couper la partie blanche en julienne. Ébouillanter les tomates pendant quelques secondes dans de l'eau bouillante, les laisser refroidir un peu, les peler et les hacher. Éplucher les pommes de terre. Laver le citron et lui retirer la peau.
2. Faire chauffer l'huile dans une casserole en terre cuite et préparer une friture avec les petits oignons frais et la tomate. Ensuite, ajouter le paprika, le zeste de citron et le laurier. Bien remuer avec une cuillère de bois, puis saler et poivrer. Ensuite, ajouter le vin ainsi que 3 dl d'eau. Incorporer les pommes de terre entières et faire cuire pendant environ 10 minutes.
3. Ajouter les petits pois et prolonger la cuisson pendant environ 5 minutes. Incorporer le poisson. À part, dans une poêle bien chaude et sans huile, faire frire la *sobrassada*. Écraser séparément les olives dénoyautées, les feuilles de persil lavées ainsi que les gousses d'ail pelées, et réserver l'ensemble.
4. Retirer la peau de la *sobrassada*. Dans un mortier, préparer le mélange avec les pignons, le reste des ingrédients hachés et la *sobrassada*. L'incorporer au ragoût et laisser faire un bouillon avant de servir.

Ce ragoût se prépare dans une marmite en terre cuite ronde et moyennement profonde, un des ustensiles les plus utilisés dans la cuisine insulaire. La baudroie est un poisson délicieux à chair ferme qui admet de multiples préparations. Malheureusement, son prix est souvent élevé.

pasta de fetge

pâté de foie de porc

* 1/2 kg de foie de porc * 1/2 kg de viande maigre de porc hachée * 1/2 kg de lard frais * 1 cuillérée à café rase de noix de muscade en poudre * 1 cuillérée à café rase de poivre noir moulu * 0,5 dl de Xérès * 0,5 dl de Brandy * 25 g de truffe (en option) * 1 cuillérée à soupe rase de sel fin

1. Retirer les nerfs du foie les plus visibles et le hacher le plus finement possible. Après avoir retiré la peau, répéter l'opération avec le lard frais.
2. Mélanger la viande avec le lard et le foie dans un récipient profond, et assaisonner le tout avec le sel et les épices, en remuant bien.
3. Ajouter le Brandy et, si on le souhaite, la truffe hachée très fine avec son jus. Bien remuer le tout à nouveau. Faire chauffer une grande marmite avec de l'eau et mettre le mélange dans une marmite en terre cuite plus petite.
4. Faire cuire le pâté au bain-marie, en introduisant la marmite en terre cuite plus petite dans la grande, et en prenant soin que l'eau ne déborde pas et ne mouille pas le pâté.
5. Faire cuire à feu doux pendant environ deux heures, en remuant souvent. Une fois prêt, verser le pâté dans de petites terrines de céramique ou dans des récipients en verre. Compacter le pâté en appuyant avec une spatule. Laisser reposer un ou deux jours avant de consommer.

Une version majorquine du pâté de foie. Si l'on souhaite préparer ce pâté pour le conserver, il est indispensable de stériliser au préalable les récipients, et de les faire cuire ensuite dans un faitout profond avec de l'eau bouillante.

frit de matances

frit de matances

* 300 g de viande maigre de porc * 300 g de foie de porc * 200 g de lard frais * 2 poivrons rouges * 500 g de pommes de terre * 1/2 tête d'ail * 1 feuille de laurier * 1 piment rouge * huile d'olive ou saindoux * sel * poivre noir moulu

1. Laver et couper les poivrons par la moitié dans le sens de la longueur, leur retirer le pédoncule ainsi que les graines, et les couper en carrés de taille moyenne. Ensuite, éplucher et couper les pommes de terre en morceaux allongés, comme pour préparer des pommes de terre frites.
2. Laver le lard frais et le sécher entre deux morceaux de papier absorbant. Ensuite, le couper en petits dés. Couper aussi en dés le foie ainsi que la viande maigre de porc. Séparer les gousses d'ail et leur retirer les premières couches de peau, en conservant la dernière.
3. Dans une poêle profonde ou une marmite, faire chauffer une cuillérée à soupe d'huile ou de saindoux, et faire sauter les morceaux de lard frais. Quand ils sont légèrement dorés, ajouter un peu d'huile.
4. Lorsque l'huile est chaude, ajouter la viande maigre et le foie de porc, les gousses d'ail, la feuille de laurier et le piment rouge, et assaisonner le tout avec le sel et le poivre selon le goût. Faire sauter les ingrédients pendant quelques minutes. À part, dans une autre poêle, faire sauter les poivrons rouges et frire les pommes de terre dans une huile chaude abondante.
5. Réunir tous les ingrédients, les mélanger, vérifier l'assaisonnement et, le cas échéant, rectifier. Faire sauter le tout pendant quelques minutes et servir chaud ou tiède.

Il s'agit d'une recette parmi tant d'autres de plat frit que l'on préparait le jour où l'on tuait le porc (*matança*). Les combinaisons sont nombreuses, et il est facile de trouver des recettes dans lesquelles on ajoute de l'échine ou des abats de volaille, des légumes variés, du poulpe ou des fruits de mer, etc.

porcella rostida
cochon de lait grillé

1/4 de cochon de lait
2 gousses d'ail
2 citrons
50 g de saindoux
2 dl d'huile d'olive
2 cuillérées à soupe rases de poivre noir moulu
1 cuillérée à soupe rase de sel

1. Demander au boucher de faire à l'intérieur du cochonnet des coupures qui faciliteront ensuite le service. Bien le nettoyer à l'intérieur et à l'extérieur.
2. Préparer une marinade : pour cela, faire un jus avec les deux citrons ; dans un bol, mettre l'huile d'olive ainsi que les gousses d'ail (si nécessaire, les couper en deux dans le sens de la longueur et leur retirer le germe) finement hachées ; saler et poivrer puis incorporer le jus de citron ; bien mélanger le tout.
3. Assaisonner chaque coupure du cochonnet faite par le boucher avec quelques cuillérées de la marinade, et arroser la viande à l'intérieur et à l'extérieur avec le reste de la marinade. Mettre le cochon de lait dans une casserole en terre cuite profonde qui ira au four, et le laisser mariner quelques heures.
4. Retourner la viande, avec la peau vers l'extérieur, et la laisser reposer de cette manière toute une nuit.
5. Le jour suivant, retirer tout le jus de la casserole en terre cuite, et répartir le saindoux sur la peau du cochon de lait.
6. Allumer le four à 180 °C, et le laisser chauffer pendant environ 10 minutes. Introduire ensuite la casserole en terre cuite dans le bas du four et faire cuire le cochonnet pendant 1 heure. Avant de le retirer, vérifier la cuisson : la peau doit être dorée de manière uniforme, et elle doit être croustillante.

Le cochon de lait grillé est habituellement servi accompagné de *patatons* (variété de pommes de terre très petites cultivée surtout dans la commune de Sa Pobla et que l'on cuisine avec la peau) grillés et/ou une salade verte. Le secret des meilleurs cochons de lait est de les faire cuire au feu de bois, une des spécialités des anciennes caves à vin, les *cellers*, reconverties de nos jours en restaurants populaires.

llom amb col
échine au chou

* 500 g d'échine de porc coupée en tranches * 400 g de feuilles de chou * 250 g de lactaires délicieux (en option) * 1 dl d'huile d'olive * 2 tomates de taille moyenne * 2 oignons de taille moyenne * 1 tranche de lard frais * 1 *botifarró* * 50 g de *sobrassada* * 2 dl de vin blanc sec * 1 feuille de laurier * 1 branche de marjolaine fraîche (ou 1 cuillérée de marjolaine sèche) * 20 g de pignons * 50 g de raisins secs * poivre noir moulu * sel

1. Éplucher et couper l'oignon, puis laver la marjolaine. Ébouillanter les tomates, les peler et les hacher finement. Retirer le tronc central des feuilles de chou, les laver et les égoutter.
2. Si on en utilise, nettoyer les champignons et les couper en morceaux. Défaire la *sobrassada* en petits morceaux, et couper le *botifarró* en rondelles de même que le lard frais en dés. Assaisonner l'échine avec le sel et le poivre.
3. Placer une tranche d'échine sur une feuille de chou, et mettre dessus deux pincées de *sobrassada*, deux morceaux de *botifarró* et deux de lard frais. Fermer le paquet et le placer avec l'ouverture située vers le bas sur une autre feuille de chou. Fermer à nouveau le paquet et le retenir à l'aide d'un cure-dent en bois.
4. Faire chauffer la moitié de l'huile dans une marmite en terre cuite. Lorsque l'huile est chaude, dorer les paquets de chou à feu vif pendant un minute de chaque côté. Les retirer de la marmite et les réserver.
5. Ajouter dans la marmite en terre cuite le reste de l'huile, et y faire cuire l'oignon haché pendant environ 7 minutes à feu doux. Incorporer ensuite la pulpe de tomate, les lactaires délicieux (en option) et le reste de lard frais, la *sobrassada* et le *botifarró*. Ajouter ensuite le paprika, la feuille de laurier, la marjolaine, les raisins secs et les pignons. Saler et poivrer, et faire cuire 5 minutes de plus sans augmenter le feu.
6. Ajouter ensuite les petits paquets d'échine au chou, et arroser avec le vin et de l'eau en quantité suffisante pour que le contenu de la marmite soit couvert. Prolonger la cuisson à couvert pendant 20 minutes de plus. Avant de servir, retirer les cure-dents des paquets de chou.

Cette recette a de nombreuses variantes. Les lactaires délicieux sont des champignons très appréciés à Majorque, où on les connaît sous le nom *d'esclata-sangs*. Une version créative de ce plat consiste à le préparer avec l'échine entière enveloppée et à le servir avec le chou comme garniture.

conill amb ceba
lapin à l'oignon

* 1 gros lapin coupé en morceaux * 1,5 kg d'oignon * 1/2 citron * 10 g de *sobrassada* * 8 amandes de type Marcona toastées * 1 gousse d'ail * 1 branche de persil * 1 dl de vin blanc * 1 dl d'huile d'olive * 1 feuille de laurier * poivre noir récemment moulu * 1 cc de paprika * 1 pincée de marjolaine * 1 pincée de noix de muscade * 1 clou de girofle * sel

1. Faire un jus avec le citron. Éplucher les amandes. Retirer la graisse du lapin et le couper en morceaux, saler et poivrer. Le mettre dans une terrine et l'arroser avec le jus de citron, puis le laisser macérer. Éplucher et couper l'oignon en julienne. Éplucher et écraser l'ail. Laver et sécher les feuilles de persil et les hacher finement.
2. Dans une poêle bien chaude, dorer la *sobrassada* ainsi que la moitié du foie du lapin. Retirer la peau de la *sobrassada* et piler le reste dans un mortier avec les amandes pelées, l'ail et le persil hachés.
3. Faire chauffer l'huile dans une marmite en terre cuite et dorer la viande de 5 à 7 minutes. La retirer ensuite de la casserole avec une écumoire et la réserver. Dans la même huile, faire cuire l'oignon avec une pincée de sel pendant environ 25 minutes à feu très doux, remuer de temps en temps.
4. Ajouter 1 cc de paprika, 1 pincée de noix de muscade et 1 clou de girofle. Ajouter ensuite la viande, le vin, le laurier, une pincée de marjolaine et 1 petit verre d'eau. Faire cuire le ragoût à couvert pendant 35 minutes à feu doux.
5. Dans un mortier, mélanger la *sobrassada*, les amandes, l'ail et le persil hachés avec une petite louche du ragoût et l'ajouter au lapin, et laisser cuire le tout pendant environ 5 minutes de plus.

Ce ragoût se prépare dans une *greixonera*, c'est-à-dire une marmite en terre cuite. Comme presque tous les ragoûts, il est plus savoureux si on le laisse reposer une journée. On le sert ensuite accompagné de pommes de terre frites. En option, on peut faire mariner le lapin pendant la nuit antérieure dans une marinade composée de sel, de poivre noir, de citron et d'huile.

fideus de veremar
vermicelle de vendange

* 1/2 kg viande de mouton ou de brebis * 2 ou 3 tomates en branche, ou 2 tomates mûres de taille moyenne * 1/4 kg d'oignons * 400 g de vermicelles * huile * sel * poivre noir moulu * quelques os de mouton

1. Laver les os de mouton et préparer avec 2 litres de bouillon. Retirer la graisse de la viande de mouton. Laver, sécher et couper ensuite la viande en morceaux de la taille d'une amande. Éplucher les oignons et les couper en julienne.
2. Ébouillanter les tomates pendant quelques secondes, et les laisser refroidir 1 ou 2 minutes avant de les peler, les couper en quatre, leur retirer les graines et les hacher finement.
3. Dans une casserole en terre cuite, faire chauffer 4 cuillérées à soupe d'huile et y faire frire les oignons pendant environ 10 minutes avec une pincée de sel. Quand ils sont bien dorés, ajouter la viande en morceaux, monter légèrement le feu et faire sauter le tout ensemble pendant quelques minutes de plus, jusqu'à ce que la viande soit dorée.
4. Ajouter la pulpe de tomate hachée, bien remuer le tout et faire cuire à feu moyen pendant environ 15 minutes. Ensuite, filtrer le bouillon et le verser sur la viande, et faire cuire le ragoût entre 1 h 30 et 2 heures, selon l'âge du mouton.
5. Lorsque la viande est bien tendre, ajouter le vermicelle. Vérifier l'assaisonnement de sel et de poivre, et rectifier le cas échéant. Bien remuer et laisser cuire le vermicelle de 7 à 9 minutes, selon les instructions du fabricant.

La bourgade de Binissalem a donné son nom à la dénomination d'origine vinicole de la zone ; c'est la raison pour laquelle ses fêtes les plus renommées sont celles qui sont dédiées aux vendanges. Elles ont lieu au cours du mois de septembre, et déguster ces vermicelles préparés avec un vieux mouton au cours de ces fêtes est une tradition. C'était, en effet, le repas que l'on préparait autrefois pour les vendangeurs.

perdius guisades

perdrix en ragoût

* 4 perdrix * 1 grosse tranche de lard frais * 1 ou 2 *botifarrons* * 3 cuillérées à soupe de raisins secs * 3 cuillérées à soupe de pignons * 1 gros oignon * 1 dl de Xérès * 6 cuillérées à soupe d'huile d'olive ou de saindoux * sel * poivre noir moulu

1. Bien retirer les restes de plume des perdrix, ce que l'on peut faire en les grillant sur une flamme. Vider les perdrix et leur couper la tête. Les laver, puis les saler et les poivrer à l'intérieur.
2. Couper le *botifarró* ainsi que le lard frais en 4 morceaux, et répartir les morceaux à l'intérieur de chaque perdrix. Fermer l'ouverture avec un cure-dent en bois. Éplucher l'oignon et le hacher très finement.
3. Faire chauffer l'huile ou le saindoux dans une marmite en terre cuite. Si on le souhaite, dorer les perdrix de tous les côtés, puis les retirer rapidement avec une écumoire et les réserver. Dans cette même huile, faire sauter l'oignon avec une pincée de sel pendant environ 5 minutes et, une fois l'oignon doré, mouiller avec le Xérès et 1 dl d'eau.
4. Saler et poivrer les perdrix par l'extérieur, les mettre dans la marmite en terre cuite, baisser le feu au minimum et faire cuire le ragoût à couvert pendant environ 25 minutes. Ensuite, ajouter les raisins secs ainsi que les pignons, et prolonger la cuisson de 15 à 20 minutes. Pour vérifier si les perdrix sont cuites, les piquer avec la pointe d'un couteau et observer s'il en sort du jus ou non.

Dans la cuisine des Baléares, on n'a pas l'habitude de griller les fruits secs, tels que les amandes ou les pignons, avant de les ajouter aux recettes. Toutefois, on peut le faire si l'on souhaite intensifier leur saveur. Pour ce faire, il suffit de les disposer en couche fine sur une feuille de papier sulfurisé et de les mettre sur la plaque du four à une température moyennement élevée.

escaldums de pollastre
escaldums de poulet

* 800 g de poulet ou de poule * 300 g de *patató* (variété de très petites pommes de terre) * 1 oignon * 1 tête d'ail * 50 g d'amande crue en poudre (écrasée dans un mortier) * 1 dl de brandy * 2,5 dl d'eau * 1 feuille de laurier * huile d'olive * farine * sel * poivre noir moulu * une branche de marjolaine fraîche

1. Éplucher et écraser les amandes dans un mortier jusqu'à obtenir une poudre fine. Éplucher et hacher l'oignon très finement. Éplucher les pommes de terre. Laver et égoutter la marjolaine. Ensuite, couper le poulet en quatre, puis chaque quartier en deux. Saler et poivrer les morceaux, et les fariner ensuite légèrement, en retirant l'excès de farine.
2. Retirer les premières couches de peau sèche de la tête d'ail sans séparer les gousses. Faire chauffer 2 cuillérées à soupe d'huile dans une marmite en terre cuite et dorer la viande sur tous ses côtés. Une fois le poulet doré, le retirer avec une écumoire et le réserver. Dans la même huile, faire cuire l'oignon à feu doux conjointement à la tête d'ail entière, avec une pincée de sel.
3. Ensuite, et une fois que l'oignon aura ramolli, ajouter le brandy, l'eau, la feuille de laurier et le poulet. Assaisonner, ajouter la branche de marjolaine et faire cuire le ragoût à couvert à feu doux pendant environ 30 minutes.
4. Enfin, faire dorer les pommes de terre entières dans l'huile bien chaude, et les retirer avec une écumoire pour les égoutter légèrement avant de les ajouter dans la casserole en terre cuite avec l'amande broyée. Prolonger la cuisson à feu doux pendant environ 10 minutes.

Ce ragoût peut aussi être préparé avec une poule jeune, et l'on peut lui ajouter une pincée de cannelle. Le *patató* est un type de pomme de terre de petite taille utilisé dans la gastronomie majorquine. La marjolaine qui est utilisée ici est une variété des Baléares qui a une saveur légèrement différente.

03

01_Beignets de vierges

02_Pommes au four

03_Lait d'amandes

04_Pain perdu

05_Beignets de bettes au miel

06_Flan à l'orange

07_Coings

08_*Orellanes*

09_Pudding d'*ensaïmada*

10_Cassolette de *brossat*

11_*Tambor* d'amandes

12_Gâteau d'amandes au saindoux

Recettes pour 4 personnes

recettes de desserts

bunyols de les verges
beignets de vierges

* 250 g de farine * 500 g de pommes de terre * 15 g de levure fraîche de boulangerie * 2 dl d'eau * huile d'olive pour frire * sucre * sel

1. Éplucher les pommes de terre, les couper en morceaux et les faire cuire pendant environ 30 minutes dans une grande quantité d'eau salée. Par ailleurs, défaire et faire dissoudre la levure dans un verre d'eau tiède avec une pincée de sel fin, en mélangeant le tout avec une cuillère jusqu'à obtenir une pâte fluide et sans grumeaux.
2. Égoutter complètement les pommes de terre et les laisser refroidir un peu avant de les passer au presse-purée. Une fois la purée prête, incorporer la pâte de levure et bien mélanger avec une spatule de bois.
3. Tamiser la farine (ou la passer dans une passoire fine pour éviter les grumeaux) et l'ajouter peu à peu aux pommes de terre, en remuant en même temps jusqu'à obtenir une masse molle et collante.
4. Laisser reposer la pâte couverte par un torchon dans un lieu chaud et sans courants d'air, jusqu'à ce que son volume ait doublé (entre 30 et 60 minutes).
5. Dans une friteuse, faire chauffer une grande quantité d'huile de friture ou d'olive douce. Former des boulettes de pâte avec les mains mouillées, et les faire dorer dans l'huile.
6. Retirer les beignets avec une écumoire et les égoutter pendant quelques minutes sur une assiette couverte de plusieurs couches de papier absorbant. Les saupoudrer ensuite largement de sucre avant de servir.

Ces beignets étaient servis aux garçons, autrefois, après la sérénade qu'ils avaient donnée aux jeunes filles la nuit du 20 octobre, veille de la *Festa de les Verges* (fête des vierges). Les beignets constituent un dessert typiquement méditerranéen, que l'on élabore aussi dans des pays tels que le Maroc, la Turquie, la Grèce ou l'Égypte.

pomes al forn

pommes au four

4 pommes

2 oranges

1 citron

1. Allumer et faire préchauffer le four a 180 °C. Faire un jus avec les oranges et les citrons, filtrer et bien mélanger. Laver les pommes et les sécher.
2. Retirer le cœur des pommes à l'aide d'un vide-pomme, ou bien en traçant tout d'abord un cercle autour du cœur de la pomme avec la pointe d'un petit couteau puis en l'introduisant jusqu'au fond.
3. Disposer les pommes dans un plat allant au four. Arroser rapidement l'intérieur des pommes avec le jus des agrumes pour éviter qu'elles ne s'oxydent.
4. Mettre le plat dans la partie intermédiaire du four et faire cuire pendant environ 45 minutes, en arrosant toutes les 15 minutes avec un peu du mélange d'orange et de citron.

Pour cette recette, il est recommandé d'utiliser des variétés de pomme légèrement acides, telles que la reinette, la Granny Smith ou la canada. Les pommes que l'on cultive dans la Serra de Tramuntana, au Nord de l'île, s'appellent en catalan *pomes d'Orient*, et les conditions climatiques de la montagne ainsi que l'altitude et les sols calcaires donnent à ces fruits certaines particularités qui en font des fruits très appréciés.

llet d'ametla
lait d'amandes

100 g d'amandes crues
100 g de sucre
1 citron
1 bâton de cannelle

1. Éplucher et bien écraser les amandes dans un mortier jusqu'à obtenir une poudre fine. Laver et sécher le citron, puis retirer la moitié de son zeste avec un couteau ou un épluche-légumes, en évitant de retirer en même temps la peau blanche et amère.
2. Dans une casserole en terre cuite profonde, mélanger l'amande en poudre avec le sucre, en défaisant avec les doigts les possibles grumeaux. Ajouter 1,5 litre d'eau, la cannelle et le zeste du citron.
3. Faire cuire à feu vif jusqu'à ce que le mélange commence à bouillir. Baisser alors le feu au minimum, et laisser cuire pendant 3 heures, en ajoutant de l'eau au fur et à mesure qu'il épaissit, jusqu'à obtenir la texture souhaitée.
4. Servir chaud accompagné d'une *coca dolça* (sorte de gâteau rond fait de farine et d'autres ingrédients, et notamment du sucre caramélisé) ou de pain blanc, ou bien froid en boulettes individuelles comme dessert.

Il s'agit d'une version domestique du lait d'amandes traditionnel. Le lait d'amandes authentique est élaboré en écrasant les amandes entre deux moules de pierre, tâche que réalisaient les moines de certains couvents avant de les faire bouillir. Le lait d'amandes était utilisé dans la cuisine médiévale pour élaborer des plats sucrés ou salés, tels que le *menjar blanc* (dessert que l'on fait avec du lait, des amandes, du sucre et de la farine de riz).

llesques de papa
pain perdu

12-16 tranches de *coca dolça* ou de petit pain viennois sec
1/2 l de lait
2 œufs
sucre glace
3/4 l d'huile à frire

1. Couper la *coca* sèche en morceaux de 1,5 cm d'épaisseur. Battre les œufs avec une fourchette dans une assiette creuse. Verser le lait dans une autre assiette creuse.
2. Faire chauffer une certaine quantité d'huile dans une poêle profonde ou dans une friteuse sans son panier. Préparer un plateau recouvert de plusieurs couches de papier absorbant à côté de la poêle.
3. Passer rapidement les morceaux de *coca* ou de pain viennois un à un dans le lait, de manière à ce qu'ils s'imbibent mais pas jusqu'au point de se défaire. Après les avoir laissé égoutter légèrement, les passer dans l'œuf battu par les deux côtés. Ensuite, les dorer des deux côtés dans l'huile chaude.
4. Une fois frites, déposer les tranches de pain perdu sur le plateau recouvert de papier absorbant et les laisser égoutter quelques minutes avant de les saupoudrer abondamment de sucre.

Cette recette permet l'utilisation des restes de *coca* ou de pain viennois, secs depuis plusieurs jours ces morceaux ne se défont pas lorsqu'ils s'imbibent de lait. Dans certaines boulangeries majorquines, on commercialise déjà ensachées des tranches d'*ensaimada* ou de *coca* sèches, pour diverses applications culinaires de ce type.

bunyols de bledes amb mel
beignets de bettes au miel

3 ou 4 feuilles de bettes fraîches
50 g de farine
0,75 dl d'eau froide
1 pincée de sel
1/4 l d'huile d'olive
miel ou sucre en fonction du goût

1. Nettoyer tout d'abord les bettes, retirer la base, séparer les feuilles et les laver soigneusement dans de l'eau froide. Ensuite, séparer les côtes de la feuille verte et les couper en fine julienne. Faire chauffer le four à une température moyenne, puis y introduire un plat de service couvert.
2. Ensuite, mélanger dans une terrine la farine et le sel, en défaisant avec les doigts les éventuels grumeaux. Incorporer peu à peu l'eau tout en mélangeant avec une spatule ou une cuillère de bois jusqu'à obtenir une pâte claire et sans grumeaux. Ajouter la bette coupée en julienne à cette pâte, et continuer à bien mélanger.
3. Faire chauffer l'huile dans une poêle et frire des cuillérées de pâte, en les retirant quand les beignets sont dorés des deux côtés.
4. Égoutter les beignets sur un plat recouvert de plusieurs couches de papier absorbant. Sortir le plat du four, et disposer les beignets à mesure qu'ils sont faits. Arroser d'un bon filet de miel ou bien saupoudrer de sucre, puis servir.

Ce dessert fait partie des *plats de supervivència* (plats de survie), et il est aussi vieux et simple que surprenant. On peut aussi le servir salé comme garniture de plats de viande. Les bettes, légumes qui se prêtent à de multiples usages et qui sont très utilisés dans la gastronomie insulaire, doivent être consommées fraîches, sans quoi elles perdent leurs vitamines.

flam de taronja
flan à l'orange

250 ml de jus d'orange naturel
5 œufs
2 cuillérées à soupe de jus de citron
200 g + 1 cuillérée à soupe de sucre

1. Peser et mesurer tous les ingrédients. Préchauffer le four à 150 °C et introduire un bain-marie avec de l'eau chaude. Faire un jus avec les oranges et le filtrer pour retirer les éventuels pépins.
2. Mettre le jus dans une terrine et le mélanger avec le sucre avec un fouet manuel, jusqu'à ce que le sucre soit complètement dissout.
3. Casser les œufs et les incorporer au jus tout en battant très délicatement, de manière à ne pas faire trop de mousse.
4. Dans une casserole, préparer un caramel avec le sucre restant et les deux cuillérées de jus de citron, poursuivre la cuisson sans cesser de remuer jusqu'à obtenir la couleur du caramel clair. Verser ensuite dans un moule à flan.
5. Remplir le moule avec le mélange de jus d'orange et d'œufs, le mettre dans le bain-marie et introduire l'ensemble dans la partie intermédiaire du four. Laisser cuire pendant 25 à 30 minutes, jusqu'au moment où, lorsque l'on introduira la pointe d'un couteau fin dans le flan, celle-ci sortira propre.
6. Laisser refroidir le flan à la température ambiante avant de le démouler directement sur un plat à service.

Pour ce flan, si l'on utilise des oranges très sucrées, on peut réduire la quantité de sucre. Les oranges de la localité majorquine de Sóller sont très appréciées pour leur qualité et leur saveur. À l'époque de la floraison, toute la vallée s'imprègne du délicat arôme de la fleur d'oranger : un véritable spectacle pour les sens.

codonyat

pâte de coings

1 kg de coings
1 kg de sucre
2 citrons
huile

1. Nettoyer les coings en les frottant avec un tissu légèrement humidifié. Les couper avec la peau en quatre, puis en quatre encore. Leur retirer le cœur et les mettre dans une marmite profonde. Laver et sécher les citrons, en faire un jus, puis passer ce jus par une passoire fine afin de le filtrer, et conserver les écorces.
2. Couvrir les morceaux de fruit avec de l'eau, puis mettre la marmite au feu et amener le mélange à ébullition. Baisser immédiatement le feu et faire cuire les coings jusqu'à ce qu'ils soient tendres, vérifier en les piquant avec la pointe d'un couteau. Ensuite, égoutter et passer les fruits au batteur électrique, les peser et noter leur poids.
3. Mettre la purée de fruit dans la marmite avec son poids de sucre, le jus et les écorces des citrons.
4. Faire cuire à feu très doux, en remuant constamment avec une cuillère ou une spatule de bois, jusqu'à ce que la masse épaississe et se sépare de la paroi de la marmite.
5. Graisser le fond et les parois intérieures d'un moule avec un papier absorbant humidifié d'huile végétale, et y verser la pâte de coing. Laisser refroidir complètement à température ambiante afin qu'elle prenne corps avant de la consommer.

Le nettoyage des coings requiert seulement l'élimination du duvet avec un tissu. Les coings, originaires d'Asie mineure, peuvent aussi être préparés en compote, qui constitue un excellent accompagnement pour les viandes, surtout les volailles. Pour les Grecs, le coing était le symbole du bonheur, de l'amour et de la fécondité.

orellanes
orellanes

1 œuf
2 cuillérées à soupe de sucre glace
4 cuillérées à soupe de lait
1 cc de saindoux
farine
huile pour frire

1. En premier lieu, tamiser dans une assiette une grande quantité de farine en la passant avec une passoire à maille fine. Casser ensuite l'œuf dans une terrine profonde, ajouter le saindoux et le sucre, et arroser l'ensemble de lait. Il faut mélanger les ingrédients avec les mains, afin que leur chaleur défasse le saindoux.
2. Ajouter la farine tamisée en la saupoudrant petit à petit au-dessus de la terrine. En même temps, mélanger les ingrédients jusqu'à obtenir une pâte homogène et sans grumeaux, de texture molle mais qui se détache facilement de la paroi de la terrine.
3. Saupoudrer toute la surface de travail avec de la farine, et y étendre la pâte avec un rouleau à pâtisserie fariné, jusqu'à obtenir une couche de pâte très fine. Ensuite, avec un couteau, couper la pâte en morceaux de forme rectangulaire.
4. Faire chauffer une grande quantité d'huile dans une friteuse sans panier, et faire frire les *orellanes* jusqu'à ce qu'elles dorent sur les deux côtés. Les retirer ensuite de l'huile avec une écumoire, les laisser égoutter légèrement avant de les disposer sur un plat et les saupoudrer avec le sucre glace peu avant de les servir.

La forme des *orellanes* varie d'une maison à une autre, mais le plus important est leur épaisseur, qui doit être très faible. Dans certains villages, la pâte pour les *orellanes* est parfumée avec du zeste d'orange et même, parfois, avec quelques gouttes d'alcool anisé.

greixonera d'ensaïmada

pudding d'*ensaïmada*

2 *ensaïmades* sèches (ou des petits pains secs)
1/2 l de lait
5 œufs
9 cuillérées à soupe de sucre
1 bâton de cannelle ou une gousse de vanille
1/2 citron

1. Couper les *ensaïmades* (ou à défaut les petits pains) et les réduire en petits morceaux. Laver et sécher le citron puis retirer son zeste avec un épluche-légumes, sans parvenir à la partie blanche et amère.
2. Dans une casserole, faire chauffer le lait avec un morceau du zeste de citron, le bâton de cannelle et 5 cuillérées à soupe de sucre. Au premier bouillon, éteindre rapidement le feu. Retirer le zeste de citron et la cannelle.
3. Introduire dans le four un bain-marie à 150 °C. Séparer 5 jaunes et 3 blancs d'œuf, les battre avec un fouet manuel afin de ne pas avoir trop de mousse. Mélanger les œufs avec le lait jusqu'à former une creme.
4. Dans une petite casserole, préparer un caramel avec le sucre restant et 1 cuillérée à soupe de jus de citron. Faire cuire sans cesser de remuer jusqu'à obtenir la couleur du caramel clair. Verser le caramel dans le moule, mettre l'*ensaïmada* par-dessus, puis ajouter la crème jusqu'à, au maximum, 1 cm du bord.
5. Mettre le moule dans le bain-marie et faire cuire au four pendant environ 25 minutes, jusqu'à ce que la superficie soit légèrement dorée.

Ce dessert, très populaire dans toute l'île de Majorque et toujours présent dans la carte des restaurants, est la meilleure manière de profiter des *ensaïmades* et du pain secs. On le prépare en général dans des moules allongés en forme de pudding, qu'ils soient individuels ou bien qu'il s'agisse d'un moule de 1 litre de capacité. Servir froid et accompagné de crème fraîche montée.

greixonera de brossat
cassolette de *brossat*

1 kg de *brossat* (fromage blanc)
200 g de sucre
2 dl de lait
7 œufs
2 citrons
1 cc de cannelle en poudre
beurre pour graisser le moule ou la cassolette en terre cuite

1. Allumer le four et préchauffer à 175 °C. Graisser l'intérieur du moule ou de la cassolette en terre cuite avec le beurre. Laver et sécher les citrons puis râper finement leur zeste, sans aller jusqu'à la partie blanche et amère.
2. Égoutter le fromage blanc et le mettre dans une terrine profonde. Casser et ajouter les œufs, le sucre, le zeste de citron râpé, la cannelle et le lait. Bien mélanger le tout avec une spatule ou une cuillère de bois, bien que l'on puisse se servir des mains.
3. S'il demeure des grumeaux, les défaire à la main. Remplir la cassolette ou le moule avec le mélange et faire cuire dans la partie intermédiaire du four pendant environ 40 minutes, jusqu'à ce que la superficie soit dorée.
4. Laisser refroidir la cassolette avant de servir. Accompagner de marmelade en fonction des goûts ou de gélatine de fruit frais.

Pour cette recette, on utilise une cassolette en terre cuite, mais on peut aussi utiliser un moule à gâteaux peu profond. Il est recommandé d'employer du fromage blanc de première qualité, élaboré à partir de lait de vache ou de lait de brebis. C'est un aliment très riche en calcium.

tambor d'ametla
tambor d'amandes

250 g d'amandes de type Marcona crues
250 g de sucre
1 citron
huile pour graisser le moule

1. Allumer et faire chauffer le four à température moyenne. Disposer les amandes en couche fine sur la plaque du four couverte d'une feuille de papier sulfurisé, et les dorer légèrement.
2. Si nécessaire, éplucher complètement les amandes, les couper par la moitié ou bien les émincer grossièrement dans le sens de la longueur. Graisser les parois ainsi que le fond intérieur d'un moule de forme allongée avec un tissu ou une feuille de papier de cuisine imbibé d'huile.
3. Couper le citron par la moitié. Mettre le sucre dans une casserole de taille moyenne et faire chauffer à feu moyen jusqu'à ce qu'il fonde et se transforme en caramel clair. Ensuite, ajouter les amandes et mélanger le tout rapidement avec une cuillère de bois.
4. Verser sur les parois et le fond du moule graissé le caramel d'amandes et l'étendre rapidement, en le repoussant et en l'écrasant en même temps avec les moitiés de citron, jusqu'à faire en sorte qu'il couvre complètement le moule.
5. Avant qu'il ne durcisse complètement, couper le *tambor* avec un couteau, en lui donnant la forme désirée : losanges, carrés, rectangles ou bien petites barres rectangulaires.

Le *tambor* d'amandes est une recette simple mais qui requiert une certaine habileté pour sa réalisation : l'opération de mélange des amandes avec le caramel ainsi que celle qui consiste à l'étendre, puis à couper les plaques ou les petites barres doivent être menées à bien très rapidement car la pâte refroidit et durcit presque immédiatement.

mantegades d'ametlla
gâteau d'amandes au saindoux

200 g d'amandes de type Marcona crues
200 g de saindoux
200 g de sucre glace
200 g de farine

1. Allumer et préchauffer le four à 180 °C. Couvrir complètement une plaque de pâtisserie ou une plaque de four avec du papier sulfurisé, et répandre dessus les amandes, très bien pelées, en couche fine. Mettre la plaque dans la partie intermédiaire du four et faire dorer les amandes sans cesser de surveiller, car les amandes brûlent très facilement (en principe, elles devraient être prêtes en 7 ou 10 minutes, parfois en moins de temps).
2. Ensuite, les sortir du four et les laisser refroidir avant de les écraser dans un mortier jusqu'à obtenir une poudre fine. À part, dans une terrine de taille moyenne, mélanger la farine avec le sucre, en défaisant les éventuels grumeaux avec les mains, et incorporer ensuite la poudre d'amande.
3. Couper le saindoux en morceaux, l'ajouter au mélange et bien travailler pour faire une pâte avec les mains, afin que la chaleur de celles-ci aide à faire fondre légèrement le saindoux et à l'incorporer à la pâte.
4. Baisser la température du four à 170 °C. Avec les mains enfarinées, former avec la pâte des boulettes de la taille d'une noix. Les disposer, sans qu'elles se touchent (à environ 2 ou 3 cm les unes des autres) sur le papier sulfurisé. Les écraser légèrement avec la paume de la main et les faire cuire dans la partie intermédiaire du four pendant environ 30 minutes.

L'amande Marcona est la variété autochtone, plus écrasée et plus large que les autres. À Majorque, c'est la plus utilisée pour élaborer les desserts, et elle est commercialisée de différentes manières: en poudre, râpée, émincée ou entière, crue ou grillée. C'est un ingrédient fréquent dans les desserts majorquins.

vocabulaire

Ametla o ametlla. Amande.

Anfós. Mérou.

Botifarró. Charcuterie, de type boudin, propre du jour où l'on tue le cochon, idéale pour cuisiner à la braise, pour frire ou pour ajouter aux ragoûts.

Brossat. Fromage blanc frais.

Camaiot. Charcuterie pour laquelle on utilise la peau de la patte ou du cou du porc.

Cap-roig. Rascasse rouge.

Celler. Cellier, cave, bien qu'on appelle aussi *cellers* les anciennes caves reconverties en restaurant de cuisine traditionnelle.

Cocarroi. Petit gâteau traditionnel en forme de demie-lune et fourré aux légumes, aux raisins secs et aux pignons.

Colflori. Chou-fleur.

Escaldums. Ragoût de poulet, de dinde, etc., avec des pommes de terre.

Esclata-sang. Lactaire délicieux.

Frit. Plat qui combine les abats de mouton ou de porc avec des pommes de terre, des légumes et des épices.

Fonoll marí. Fenouil marin, que l'on prépare au vinaigre pour le manger en accompagnement de plats tels que le *pa amb oli*.

Gató. Gâteau traditionnel aux amandes.

Granada. Nom d'un plat préparé habituellement à base d'aubergines.

Greixonera. Marmite en terre cuite très fréquemment utilisée dans la cuisine majorquine. Le plat que l'on cuisine dans la *greixonera* reçoit le même nom.

Llampuga. Daurade, ou dorade coryphène, poisson très consommé à Majorque, que l'on trouve dans les eaux des îles Baléares à la fin de l'été.

Llampugueres. Filets avec lesquels on pêche la daurade.

Moraduix. Une des herbes parmi les plus utilisées dans la cuisine majorquine, très semblable à la marjolaine.

Palo. Liqueur typique de l'île.

Pa amb oli. Pain à la tomate, à l'huile et au sel, que l'on consomme avec des conserves au vinaigre, de la charcuterie ou du fromage.

Panada. Petit gâteau salé fourré à la viande de mouton, aux petits pois ou au poisson.

Patató. Variété locale de très petites pommes de terre.

Porc negre. Cochon noir, race autochtone de l'île.

Porcella. Cochon de lait.

Possessió. Nom que reçoit la propriété rurale à Majorque, dont le centre de production et de gestion est une grande maison située sur la propriété.

Robiol. Petit gâteau traditionnel en forme de demie-lune et fourré à la marmelade, au *cabell d'àngel* (cheveux d'ange : confiture de citrouille utilisée en pâtisserie) ou au *brossat* (fromage frais).

Saïm. Saindoux, très utilisé dans la cuisine majorquine. De là vient le mot *ensaïmada*.

Tàpera. Câpre (bouton de fleur).

Taperot. Câpre (fruit).

Tomate de ramellet. Tomate en branche très utilisée dans la cuisine majorquine, absolument indispensable pour faire un bon *pa amb oli*.

Xulla. Lard maigre.

bibliographie

Alcàntara Penya, P.
Cuina mallorquina, Biblioteca Raixa nº 150, éd. Moll, Majorque, 1994.

Bàguena, N.
De l'antiga Roma a la teva cuina, Ediciones le Mèdol, Tarragone, 1997.

Camba, J.
La casa de Lúculo o el arte de comer, Suger R & B Ediciones, Saint-Sébastien, 1996.

Capel, J.C.
El banquete del mar, R & B Ediciones, Saint-Sébastien, 1997.

Capel, J.C.
El pan nuestro, R & B Ediciones, Saint-Sébastien, 1997.

Contreras I Mas, A.; Pinya Florit, A.
La sobrassada de Mallorca. Cuina i Cultura, éd. Consell Insular de Mallorca – Fodesma, Palma, 2000.

Cunqueiro, A.
La cocina cristiana de Occidente, Tusquets editores, col. Los 5 sentidos, Barcelone, 1991.

Davidson, A.
La cocina del Mar Mediterráneo, éd. Omega, Barcelone, 1996.

Fàbrega, J.
El llibre de les herbes i les espècies. , Edicions de la Magrana, Barcelone, 1998.

Fàbrega, J.
El llibre del peix, Edicions de la Magrana, Barcelone, 1996.

Fàbrega, J.

La cuina de Mallorca, Edicions de la Magrana, Barcelone, 1999.

Ferrà Martorell, M.

L'ahir i l'avui de la cuina mallorquina, éd. Sa Nostra, Caixa de Balears, Palma de Majorque, 1992.

Frontera, B.

Aplec d'usos de cuina al Pla de Mallorca, éd. Ingrama S.A., Inca, 1999.

Luján, N.

Historia de la gastronomía, éd. Folio, Barcelone, 1997.

Millo, L.

El libro del pescado, R & B Ediciones, Saint-Sébastien, 1982.

Revel, J.F.

Un festín en palabras, éd. Tallandier, Paris, 2007.

Riera, F.; Oliver, J.; Terrassa, J.

Peixos de les Balears, Conselleria d'Obres Públiques, Palma de Majorque, 1995.

Ripoll, Ll.

Llibre dels vins, licors i per necessari, col. Siurell, Ciutat de Mallorca, 1974.

Serrano, A.

Les receptes de na Tonina, éd. Documenthe Balear, Menjavents nº 15, Palma de Majorque, 1996.

Toussaint-Samat, M.

Historia natural y moral de los alimentos, Alianza Editorial, Madrid, 1991.

Index des recettes
par ordre alphabétique

Arroç brut 124
Aubergines farcies 116
Beignets de bettes au miel 172
Beignets de vierges 164
Calmars farcis 132
Casserole d'anguilles 130
Cassolette de *brossat* 182
Chou-fleur sauté 112
Cochon de lait grillé 150
Coings 176
Daurade aux poivrons rouges 136
Échine au chou 152
Escaldums de poulet 160
Escudella fraîche 108
Fève pelée 120
Flan à l'orange 174
Frit de matances 148
Gâteau d'amandes au saindoux 186
Granada d'aubergines 122
Lait d'amandes 168
Lapin à l'oignon 154
Orellanes 178
Pain à l'huile 110
Pâté de foie de porc 146
Perdrix en ragoût 158
Poisson au four 138
Pommes au four 166
Sopes majorquines 106
Pot-au-feu 104
Pudding d'ensaimada 180
Marmite d'escargots 126
Marmite de poisson 144
Raie en escabèche 142
Rougets à la tomate 140
Seiche à l'oignon 134
Tambor d'amandes 184
Tombet 114
Trempó 118
Paln perdu 170
Vermicelle de vendange 156